Taïga-Toundra

Tél. : 01.40.26.06.06. Fax : 01.40.26.00.26. ISBN : 2-86260-870-X. ISSN : 0336-5816.
Dépôt légal : janvier 1999. Imprimé en France.

Taïga-Toundra

Au nord, la démesure

Dirigé par Sophie Bobbé

Cet ouvrage a reçu le soutien du Centre national du Livre

Éditions Autrement - collection Monde / Nature extrême HS nº 111

Nature extrême

Au sein de la collection « Monde », une nouvelle série dirigée par Henry Dougier et Sophie Bobbé.

L'esprit de ces ouvrages

La nature est devenue un thème majeur des dernières décennies. Objet de nostalgie de nos sociétés industrielles et urbaines, lieu mythique d'une authenticité et d'une innocence qu'elles auraient perdues, cette nature semble échapper à toute définition, tant est puissante la charge d'imaginaire dont elle est porteuse, tant sont divers aussi les registres dans lesquels elle apparaît et les usages dont elle fait l'objet : la nature de l'écologiste ou celle du skieur hors pistes n'est pas celle du gestionnaire ou du scientifique.

Environnement, campagne, ruralité, cette nature aux multiples avatars est toutefois presque unanimement érigée de nos jours en monument « patrimonial » (au même titre qu'une création artistique ou qu'une œuvre architecturale) à restaurer, à sanctuariser ou du moins à préserver de toute ingérence humaine abusivement irréversible. Telle semble bien être la représentation fondamentale qui fédère la diversité de nos rapports, occidentaux et contemporains, à cette nature problématique.

Au-delà, toutes les sociétés ont pensé leur nature et toutes se sont pensées par rapport à elle selon un mode qui leur est propre. La richesse des cosmologies, des mythes mais aussi des pratiques et des techniques témoigne de cette pluralité de natures.

À travers le temps et dans la diversité des cultures, la série « Nature extrême », au sein de la collection « Monde », se propose d'explorer ces représentations et ces façons de vivre une nature dont nombre d'aspects restent pour nous source d'émerveillement, d'effroi et d'ivresse. En explorant l'environnement le plus sauvage, le plus extrême, au travers de ses diverses figures fortes parfois emblématiques (des domaines animal, végétal, minéral et des phénomènes naturels qui s'y attachent), ces ouvrages entendent ainsi contribuer à une réflexion sur la diversité de ces idées de nature, non par une présentation panoramique des connaissances sur un sujet mais par une interrogation originale sur le sujet sélectionné : désert, banquise, taïga, mousson, volcans, tremblements de terre, baleines, grands singes...

Une approche en trois volets

Chaque ouvrage est consacré à un thème précis, à un « objet » extrême particulièrement riche en fantasmes et en imaginaire, que des regards divers - propres à des groupes sociaux et culturels, des disciplines scientifiques et des modes d'expression différents - mettent en lumière.

Pluridisciplinaire, chaque ouvrage se consacre à ce thème unique et réunit trois contributions d'égale importance de chercheurs des sciences de la nature (naturaliste, biologiste, botaniste, géologue, météorologue, astronome...), et de l'homme et de la société (anthropologue, philosophe, ethnologue, sociologue, historien, psychologue...), chacun éclairant les trois volets de l'enquête :

- *l'imaginaire* : quelles représentations, quels mythes sous-tendent, ici et ailleurs, hier et aujourd'hui, cet objet symbolique ?

- *le scientifique* : quelles sont les pistes de recherche contemporaine, les approches originales de cet objet ?

- *le social* : comment vivent ceux qui se trouvent confrontés à cet élément de nature ?

*

Sommaire

Éditorial

À l'instar des deux faces de Janus orientées chacune dans des directions opposées, la taïga et la toundra sont intimement liées. Sitôt que l'on tourne le dos à l'une, on embrasse l'autre du regard. Peu se sont aventurés sur ces terres lointaines, que nous connaissons davantage par la vision magnifiée de Kurosawa relatant la vie de Dersou Ouzala ou par les récits de voyageurs, tel celui de Vassili Peskov témoignant des aventures d'une famille russe, récemment découverte, réfugiée dans la taïga pendant quarante ans.

Terre de refuge pour certains, jungle glacée dépourvue de repères pour d'autres, la taïga est forêt entre toutes les forêts. Tour à tour dense et clairsemé, peuplé de trembles, de bouleaux, d'épicéas, de pins et de mélèzes, cet ermitage où coulent fleuves et rivières abrite de nombreuses communautés boréales. Lorsqu'on chemine vers le nord, aux confins de cette gigantesque mosaïque chromatique, le regard porte au loin sur de grandes steppes dénudées, des collines recouvertes d'une végétation rase, d'immenses prairies marécageuses parsemées de lacs. La toundra, porte ouverte sur le monde arctique, révèle toute sa démesure.

Les nombreux séjours des auteurs, leurs recherches scientifiques concourent à éclairer la richesse écologique de ces « milieux de l'extrême » (Vincent Bouchiat, Bernard Saugier, Claire Waelbroeck), les modes de vie de ces habitants sibériens et indiens

(Jean-Luc Lambert), et aussi les enjeux et convoitises cristallisés autour de l'exploitation des ressources naturelles (Marie Roué).

Semi-sédentaires ou nomades vivant de chasse, de pêche ou d'élevage, toutes ces communautés sibériennes doivent se concilier les esprits de la nature (sylvestres, végétaux et aquatiques), pourvoyeurs de nourriture et autres richesses, pour satisfaire les besoins alimentaires du groupe. Si un contrat n'est pas conclu avec les esprits, les rennes réussiront alors à échapper aux balles, les filets resteront vides et les hommes mourront de faim. À partir de l'étude des modes de vie extrêmement précaires, des récits mythologiques et des pratiques rituelles de communautés sibériennes vivant dans la taïga (les Selkoupes, les Mansis, les Khantys...) et dans la toundra (les Nénètses, les Nganassanes...), leurs représentations respectives de la nature se révéleront peu à peu. Peut-on légitimement parler d'une culture spécifique aux populations de ces deux milieux écologiques ?

Au nord du continent américain coulent de magnifiques ruisseaux, rivières et fleuves. C'est le pays des Cris. Territoire de développement, lieu d'enjeux colossaux, la terre de ces Indiens est au cœur de querelles d'intérêt et de revendications opposant Cris et Québécois. Alors que les Cris doivent leur subsistance à leurs pratiques de chasse, de pêche et de piégeage, le Québec tire de ces immenses espaces des revenus importants, dont son énergie hydroélectrique. Mais l'installation de barrages et de digues, la création de lacs artificiels perturbent singulièrement les activités des Cris, qui vivent traditionnellement au rythme des saisons. L'écoulement de l'eau au cours de la débâcle était, pour eux, le mouvement annonciateur du printemps, augurant l'arrivée des poissons, le passage des oiseaux migrateurs, dont dépendent les réserves pour l'hiver. Avec la construction de complexes hydrauliques, on bride la nature, on inverse le cours de l'eau au point de fermer les vannes au printemps et en été pour les ouvrir en plein hiver. Un défi de démiurge, un bouleversement pour ceux qui, pour survivre, devaient demeurer en harmonie avec la nature.

Sophie Bobbé

Les milieux naturels et leur évolution

Vincent Bouchiat, Bernard Saugier et Claire Waelbroeck

Terre de refuge pour certains, jungle glacée dépourvue de repères pour d'autres, la taïga est forêt entre toutes les forêts. Tour à tour dense et clairsemé, peuplé de trembles, de bouleaux, d'épicéas, de pins et de mélèzes, cet ermitage où coulent fleuves et rivières abrite de nombreuses communautés boréales. Lorsqu'on chemine vers le nord, aux confins de cette gigantesque mosaïque chromatique, le regard porte au loin sur des grandes steppes dénudées, des collines recouvertes d'une végétation rase, d'immenses prairies marécageuses parsemées de lacs. La toundra, porte ouverte sur le monde arctique, révèle toute sa démesure.

Durant l'été 1978, un groupe de géologues russes découvre, au cours d'une prospection aérienne au-dessus d'une région très sauvage des monts Altaï, aux confins de la Sibérie méridionale, une petite zone fraîchement cultivée. Celle-ci s'avère être un jardin potager. Une hutte semble se trouver à proximité, isolée dans une vallée au centre d'une forêt dense, à des centaines de kilomètres de toute route... Ainsi commence le récit journalistique *Ermites dans la taïga*, de Vassili Peskov, racontant l'une des plus fascinantes découvertes ethnologiques de ces vingt dernières années : une famille russe de « vieux croyants » s'est réfugiée dans cette taïga, à l'écart de la civilisation, et y a vécu en autarcie complète durant quarante ans ! Cette « jungle » glacée et immense a ainsi servi de refuge à des Robinson. L'histoire est d'autant plus extraordinaire qu'elle apporte un support concret aux images que l'on se fait volontiers de ces contrées méconnues.

Bien qu'inhospitalière, la taïga a gardé dans l'imaginaire occidental une aura particulière : elle incarne une nature magique que seuls des initiés (des pionniers d'hier aux « aventuriers médiatiques » d'aujourd'hui) ont pu apprivoiser[1]. L'Occidental s'y trouve toujours marginalisé malgré lui, véritablement ramené à un rôle de trouble-fête, quand il n'est pas un simple exterminateur !

Pourtant, le thème quasi mythique d'une taïga-sanctuaire est loin de s'arrêter à cette anecdote isolée, si démonstrative soit-elle : à quelques centaines de kilomètres de là, de l'autre côté des monts Saïns, dans la région qui constitue aujourd'hui la limite nord-ouest de la république de Mongolie, vit encore aujourd'hui la tribu des Tsaatanes. Estimés à près de 2 000 individus, ils sont appelés ainsi par les Mongols des steppes, ce qui signifie littéralement : « Ceux qui ont des rennes ». En effet, contrairement aux caribous du continent américain, qui sont restés sauvages, les rennes de Sibérie, une espèce très proche, ont pu être apprivoisés. Chasseurs-cueilleurs puis éleveurs de rennes, les Tsaatanes ont choisi de vivre dans la taïga depuis des temps reculés. Nomades, ils ont résisté jusqu'à aujourd'hui à toutes les tentatives de sédentarisation et de collectivisation. Ils s'expriment dans une langue d'origine turque et constituent une ethnie proche de celle des peuples de l'actuelle république de Touva.

Se déplaçant en petits groupes familiaux, ces nomades ne se plaisent que dans les forêts les plus froides de la Mongolie. En été, pour fuir les attaques des moustiques qui pullulent dans les nombreux marécages de la région, ils montent au-dessus de la ceinture forestière dans les toundras d'altitude. Ils lèveront alors le camp toutes les six semaines, à la suite de leurs troupeaux, attirés toujours plus loin par les tapis de lichens blancs du genre *Cladonia* dont les rennes sont très friands. La vie de ces nomades est entièrement centrée sur le renne, dont ils ont su trouver toutes les ressources : fourrure, lait, viande, mais aussi moyen de transport efficace dans la neige...

Les rennes leur apportent l'indispensable et même plus : depuis la chute du bloc communiste, leurs bois de velours, très prisés par la pharmacopée chinoise, font l'objet d'un troc en échange de denrées (farine, munitions). C'est ce commerce insolite qui risque d'ailleurs de précipiter le déclin de ce peuple, puisque la production

1. Ce mythe d'une taïga-ermitage fut notamment magnifié par Kurosawa dans le film *Dersou Ouzala*, adapté du récit autobiographique de Vladimir Arséniev.

Campement de Tsaatanes.

des ramures, à très haute valeur ajoutée, attire déjà les trafiquants... Triste ironie du sort pour ce peuple qui a résisté avec succès à plusieurs tentatives de collectivisation et à des sédentarisations forcées.

Les Tsaatanes habitent des huttes semblables à des tipis indiens. Constituées de troncs de mélèzes assemblés en pyramide autour d'un poêle, elles sont couvertes d'une simple toile ou d'écorces de bouleau. Ce campement assez sommaire leur permet cependant d'être très mobiles.

La famille chez qui nous avons séjourné possédait un troupeau d'une soixantaine de rennes. Écrasés par la chaleur du mois d'août, les rennes ne bougent qu'une fois le soleil couché, à ces instants où, dans ces terres continentales, la température chute de vingt degrés en quelques minutes... Chaque renne adulte est soigneusement attaché avec un jeune qui n'est pas son enfant. Le troupeau s'éparpille ainsi deux par deux, partant brouter le lichen parfois à des kilomètres du campement. Le matin venu, le petit revient au bercail pour retrouver ses parents, obligeant ainsi l'autre renne auquel il est attaché à revenir au camp. Le rassemblement du troupeau se fait ainsi naturellement, sans chien ni berger...

Les Tsaatanes ont conservé les pratiques du chamanisme sibérien. Il ne s'agit pas là d'une tradition ou d'un simple folklore : elles revêtent au contraire une importance fondamentale pour ces peuples autochtones qui tiennent à rester en contact étroit avec un milieu naturel difficile et fragile. Le chamanisme a pour fonction de leur permettre d'équilibrer leur rapport avec la nature, dont ils sont dépendants. Doué de la possibilité de dialoguer avec les esprits, le chaman joue le rôle de médium. Par ce contact privilégié, il est capable de conserver cette harmonie précaire de l'homme avec son milieu. L'un d'entre nous a eu la chance de rencontrer un des rares Tsaatanes qui aient gardé ce pouvoir surnaturel, si subversif sous l'ancien régime soviétique.

Il a choisi une nuit claire de pleine lune pour interroger les esprits de la nature. Habillé de peaux, masqué et chapeauté de cuir rehaussé de plumes, il esquisse une danse saccadée autour du poêle, frappant son tambour et récitant des litanies. Des femmes le retiennent

Haut : *Les rennes sont attachés deux par deux avant de partir librement brouter les lichens de la toundra.*
Bas : *Vue générale des troupeaux de rennes nomadisant dans les montagnes de la frontière mongolo-sibérienne.*

silencieusement lorsqu'il titube, tandis que d'autres spectateurs jettent des branches odorantes sur le poêle... Un orage aussi court que violent éclate subitement à la fin de la danse...

Milieux éprouvés par un climat très rude, taïga et toundra sont très vulnérables du point de vue écologique. Aussi ont-elles obligé les peuples autochtones à respecter la nature beaucoup plus qu'on ne le fait en Occident, où les hommes cherchent bien souvent à la dominer. L'humilité de l'homme boréal face à son environnement vient en effet de la conscience de l'extrême fragilité des milieux circumpolaires : conscience de la lenteur de la pousse des plantes, des lichens et des arbres, conscience du caractère souvent irréversible de toute atteinte à l'intégrité d'un écosystème précaire.

Aussi, lorsque l'Occidental a conquis ces territoires (les pionniers russes en Sibérie autrefois, les exploitants pétroliers en Alaska aujourd'hui), il y a souvent provoqué des catastrophes écologiques majeures. À une moindre échelle, les simples traces laissées par le passage hors piste d'une Jeep dans une zone humide provoquent pour longtemps de bien vilaines cicatrices.

De la taïga à la toundra

Le randonneur qui part d'une vallée des Alpes pour atteindre un sommet de plus de 3 000 mètres voit divers paysages se succéder. Dans la vallée, il débute sa promenade en partant d'un village entouré de cultures ou de prairies, puis aborde les premiers sous-bois, d'abord constitués de feuillus, puis de feuillus et conifères en mélange, enfin de conifères seuls. En s'élevant, les conditions deviennent de plus en plus difficiles pour la végétation. Les conifères se dispersent et deviennent rabougris, jusqu'à disparaître pour laisser place à une végétation rase présentant souvent des fleurs aux couleurs vives. Plus haut encore, cette végétation herbacée devient clairsemée, le paysage prend un aspect plus austère où les roches nues dominent. On atteint ensuite un paysage glaciaire. Ces divers types de végétation qui se succèdent forment ainsi des étages de végétation. Ces étages ont leurs équivalents dans les régions boréales, où l'on observe un changement analogue de la végétation avec la latitude.

Haut : *Toundra d'altitude au nord de la Mongolie.*
Bas : *Paysan mongol déménageant sa maison montée sur patins à travers la toundra.*

En chemin vers l'Arctique...

Partons d'une région agricole du sud de la province canadienne de Saskatchewan et dirigeons-nous vers le nord. Après avoir traversé des prairies et des cultures de colza, on rencontre des arbres en bosquets isolés. La fréquence de ces bosquets augmente progressivement jusqu'à former une véritable forêt. Cette forêt boréale, désignée par son nom russe de *taïga*[2], apparaît très monolithique de par son étendue sur les cartes, mais on réalise en la traversant qu'il s'agit en fait d'une gigantesque mosaïque de taches de végétation constituées d'essences très diverses. Les troncs clairs parsemés de noir des bouleaux et des peupliers trembles caractérisent plutôt les parties méridionales des forêts. Plus au nord, des arbres à aiguilles s'y mélangent et les remplacent progressivement. Ces résineux sont surtout des épicéas, mais des pins et des mélèzes se rencontrent également. De temps en temps, on aborde une forêt complètement calcinée ou réduite à de jeunes arbres : le feu ravage en effet périodiquement de grandes surfaces et favorise la régénération de la forêt. Le sous-bois en taïga reste assez pauvre : lorsque le sol sous des sapins n'est pas simplement tapissé d'une couche d'aiguilles en décomposition, des mousses les remplacent. Ces mousses alternent parfois avec des buissons de myrtilles et d'airelles, très prisées par les ours en quête de nourriture à l'approche de l'hiver. Dans les sous-bois de pins, plus secs et moins sombres, on trouve plutôt des lichens à la place des mousses.

Le voyageur a souvent de la peine à trouver sa route, car les reliefs sont très peu accusés et guère propices aux points de vue panoramiques, l'érosion glaciaire ayant raboté le sol au cours des dernières périodes froides. L'eau ne s'écoule donc pas facilement : les rivières font de nombreux méandres, les zones humides et les marécages abondent[3]. Les marais et tourbières sont trop humides pour les arbres et restent ainsi colonisés par des plantes herbacées. À proximité de ces lieux mal drainés, les épicéas entourant des

2. Taïga et forêt boréale sont synonymes en Europe et en Asie. Les Américains tendent cependant à réserver le terme de taïga pour les zones les plus septentrionales de ces forêts.
3. En montagne, au contraire, la gravité fait son travail et ces zones humides restent rares, limitées à des points en cuvettes.

tapis de mousses sont les plus fréquents, tandis que les endroits un peu surélevés et donc plus secs sont favorables aux pins...

Si l'on continue vers le nord, après quelques centaines de kilomètres, les arbres s'espacent et se font plus chétifs. C'est en ces lieux de transition mal définie que l'on situe le début du monde arctique : la taïga cède très progressivement la place à une végétation rase. Ce paysage est également désigné par un nom d'origine russe, *toundra,* mot lui-même dérivé du lapon *tundar,* qui signifie « colline nue ». On rencontre en premier un type de toundra relativement sec, caractérisé par la présence de petits monticules d'herbes d'une trentaine de centimètres de hauteur. Des arbustes nains complètent ce paysage austère. Le sol y est très accidenté en raison de l'abondance de ces mottes, ce qui rend la marche assez pénible. On trouve ce type de toundra dans les régions les mieux drainées. En poursuivant notre périple vers le nord, nous nous approchons des plaines côtières bordant l'océan Arctique. On aborde alors d'immenses prairies marécageuses, parsemées de lacs peu profonds. C'est la toundra des plaines humides, où poussent diverses plantes herbacées, des joncs et des mousses. C'est un lieu d'estivage pour de nombreux oiseaux migrateurs. La sterne arctique, petite mouette au bec rouge, est ainsi venue de l'hémisphère Sud, traversant équateur et tropiques, pour profiter de l'été dans ces zones humides ! Notre voyage s'achève enfin devant le désert polaire, tout comme le randonneur dans les Alpes s'arrêtait devant les neiges éternelles.

Il existe ainsi un parallélisme étroit entre les changements de végétation causés par l'altitude en montagne et ceux causés par la latitude dans ces terres nordiques. Cependant, il y a une chose dont le randonneur alpin ne peut se faire une idée, c'est l'échelle des distances, qui est très différente. Alors qu'en une matinée le randonneur à pied passe d'une vallée à 1 300 mètres à un sommet de plus de 3 000 mètres, une à deux journées de voiture (lorsqu'il y a une route !) sont nécessaires pour obtenir un changement équivalent en latitude. En pratique, la température baisse de cinq à six degrés lorsqu'on s'élève de 1 000 mètres, et il faut parcourir environ 1 000 kilomètres vers le nord pour obtenir un changement analogue. Comme la taïga et la toundra sont peu peuplées, on y éprouve un sentiment d'immensité mêlé de solitude.

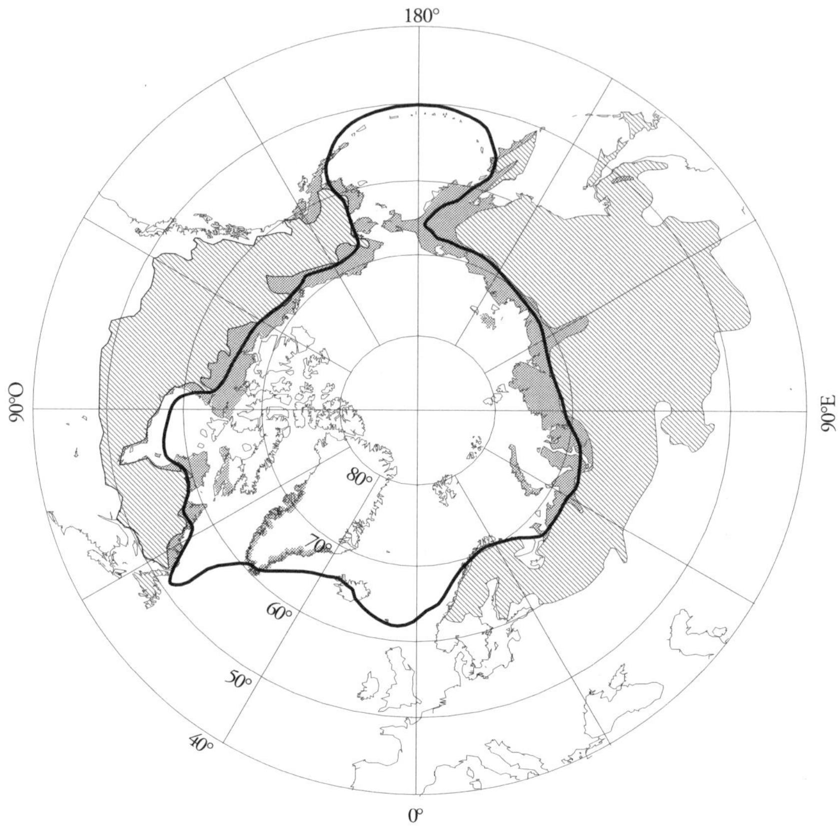

Isotherme 10 °C en juillet

toundra
7 millions km^2
5 % surface des continents

taïga
12 millions km^2
8 % surface des continents

Figure 1 : *Extension des zones de taïga et de toundra dans l'hémisphère Nord.*

De vastes étendues à l'échelle du globe

Cette immensité dépasse l'imaginaire du voyageur, saisi par la démesure des espaces : il s'agit bien d'une réalité géographique, comme en témoigne la carte (figure 1). La taïga forme une bande forestière continue de 500 à 1 500 kilomètres de large, s'étendant sur les continents d'Amérique et d'Eurasie et équivalant à vingt fois la superficie de la France. Elle est grossièrement délimitée au nord par le cercle polaire arctique et au sud par la latitude 50° Nord. La plus grande étendue de forêt boréale se situe en Russie, où elle couvre plus de la moitié du territoire : ainsi, on peut aller de Saint-Pétersbourg jusqu'aux bords de l'océan Pacifique en Extrême-Orient sans quitter la forêt. C'est en Russie également qu'elle atteint ses limites nord et sud extrêmes. En conséquence du climat continental qui règne en Sibérie, la taïga s'observe jusqu'à une latitude égale à celle de Bordeaux au sud du lac Baïkal et dépasse 72° Nord dans la péninsule de Taïmyr.

La toundra, quant à elle, s'étend des limites nord de la taïga, où elle la remplace progressivement lorsque le climat devient trop rigoureux, jusqu'aux rivages de l'océan Arctique[4]. La taïga et la toundra sont donc deux milieux naturels intimement liés qui s'organisent de façon unitaire autour du pôle Nord, dépassant ainsi les clivages continentaux Amérique/Eurasie.

Des milieux naturels conditionnés par un climat rigoureux

Un caractère original : la prédominance du sol gelé

Une autre caractéristique commune à la taïga et à la toundra est la prédominance du gel : ce sont des terres à permagel[5],

4. On retrouve également d'autres étendues de toundra (non représentées sur la carte) dans l'hémisphère Sud (terre de Feu, îles Malouines), ainsi qu'en montagne au-dessus des étages forestiers. Cette dernière, la toundra d'altitude, a sa plus vaste extension sur les hauts plateaux du Tibet.

5. Synonyme de permafrost ou pergélisol, le terme permagel est constitué de l'association des mots « gel » et « permanent ».

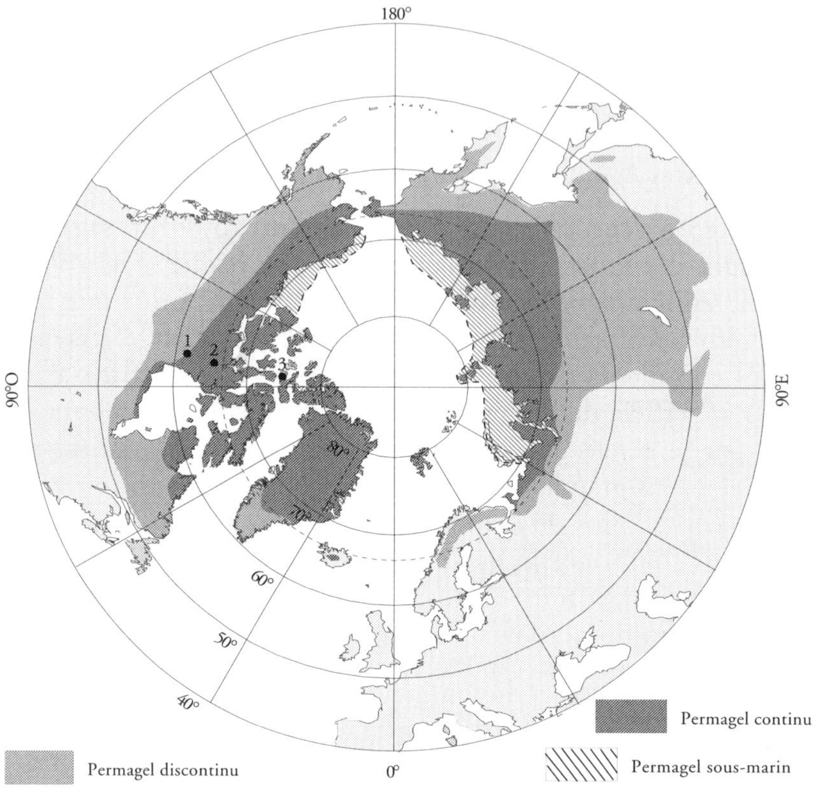

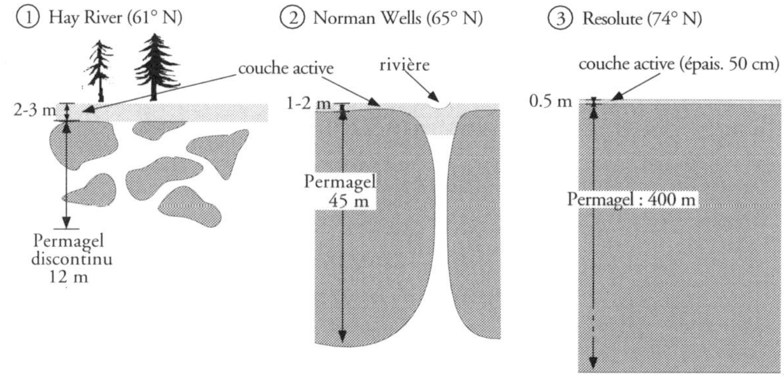

Figure 2 (haut) : *Projection du monde arctique centrée sur le pôle Nord montrant l'étendue du permagel. Les coupes repérées de 1 à 3 sur la carte sont présentées en dessous (fig. 3).*

Figure 3 (bas) : *La coupe effectuée à Hay River est un exemple typique de permagel discontinu. Son épaisseur augmente progressivement à mesure que l'on se déplace vers le nord : les trois coupes effectuées à des latitudes croissantes sur un même méridien dans le Grand Nord canadien témoignent de ce phénomène. L'épaisseur du permagel atteint couramment 400 mètres et dépasse par endroit 1 500 mètres en Sibérie. Son ampleur est suffisamment importante pour subsister sous l'océan Arctique (hachures sur la carte) ! Parallèlement à l'augmentation de l'épaisseur du permagel avec la latitude, la couche active voit son épaisseur diminuer considérablement pour ne plus dépasser 50 centimètres à Resolute (voir coupe 3).*

c'est-à-dire des terres dont le sol est gelé en profondeur toute l'année. Le dégel ne s'effectue durant l'été que sur une épaisseur superficielle du sol que l'on appelle couche active. Sous cette couche, le permagel est dans la plupart des cas un sol gelé « fossile », héritage de la dernière glaciation, ce qui explique la présence d'animaux parfaitement conservés, comme ces mammouths découverts dans d'anciennes tourbières gelées de Sibérie.

L'étendue des zones de permagel est mise en évidence sur la carte centrée sur le pôle (figures 2 et 3). Les zones de permagel continu atteignent dans l'hémisphère Nord une surface comparable à quatorze fois celle de la France. Excepté en Scandinavie, épargnée grâce à un courant océanique chaud[6], le permagel continu touche toutes les terres situées au nord du cercle polaire (66° Nord). Les zones de permagel discontinu, où le sol profond ne reste gelé qu'en certains endroits, forment une immense couronne au sud du permagel continu.

La limite entre permagel continu et discontinu correspond assez bien en Amérique à la zone de transition entre les milieux de taïga et de toundra. En revanche, en Sibérie, la taïga a gagné les parties méridionales du permagel continu, grâce notamment à des essences résistantes au froid (mélèzes) et à un climat très continental. Ce dernier permet d'ailleurs la conservation d'un permagel discontinu jusqu'à des latitudes aussi basses que 50° Nord[7].

Une végétation adaptée à des conditions extrêmes

Ces milieux naturels, comme beaucoup d'autres, voient leur végétation principalement conditionnée par le climat. Les espaces de taïga et de toundra sont chacun soumis à un climat spécifique, qu'il convient d'étudier séparément.

6. Ce courant n'est autre que le fameux Gulf Stream, qui adoucit également notre climat.
7. Au sud-est du lac Baïkal.

La taïga, forêt polymorphe du Grand Nord

Le climat de la taïga est très contrasté : avec une moyenne annuelle de l'ordre de 0 degré, les températures varient considérablement entre l'hiver, long et très froid, et l'été, court mais relativement chaud[8]. Entre le jour et la nuit également, la température peut passer de 25 à 3 degrés au cours d'une belle journée d'été. Par ailleurs, le climat est assez humide, avec des précipitations annuelles de 400 à 800 millimètres. De plus, la déclivité réduite du sol, combinée au faible angle d'ensoleillement d'une part et au permagel d'autre part, induit d'importantes fluctuations dans l'alimentation en eau du sol : les creux restent inondés et les bosses beaucoup plus sèches. De tels contrastes influencent localement la végétation.

Au froid s'ajoute l'agression du feu, dont l'origine reste la plupart du temps naturelle. Le feu s'attaquera surtout aux forêts fragilisées par un été sec ou par des invasions d'insectes. La végétation sera donc aussi localement conditionnée par la fréquence des incendies, les pins résistant mieux au feu que d'autres essences, tandis que les feuillus repoussent en premier après un incendie.

Il en résulte une végétation assez variable d'un point à un autre en fonction de l'exposition et des aléas de l'histoire.

Cette variabilité s'observe également d'un continent à l'autre, en fonction des espèces présentes, qui ont évolué depuis la séparation des continents d'Amérique du Nord et d'Eurasie il y a environ 65 millions d'années. En particulier, on trouve dans l'est de la Sibérie de grandes forêts de mélèzes qui n'ont pas d'équivalent en Amérique du Nord. La limite nord des arbres est déterminée par leur exigence de chaleur pour la reproduction, soit une température moyenne supérieure à 10 degrés pendant au moins un mois (figure 1).

Parmi les espèces les plus fréquemment rencontrées en taïga, on trouve des épicéas, des sapins, ainsi que des mélèzes. Le mélèze est particulièrement résistant puisqu'il survit à des températures moyennes en janvier de moins 30 degrés avec des températures en

8. De moins 17 degrés en janvier à 18 degrés en juillet en moyenne mensuelle à Nippawin, près de Prince Albert, en Saskatchewan.

Haut : *Oulan-Taïga, la « taïga rouge ». Cette région du nord de la Mongolie doit son nom au tapis d'airelles dont le feuillage rougit aux premiers gels, dès la fin août.*
Bas : *Vue rapprochée d'un sol de taïga : tapis de lichens cladonia et d'airelles.*

juillet de l'ordre de 13 degrés. Sous un tel climat, sa croissance est très lente, et il garde alors bien souvent un aspect chétif et quelque peu maladif.

La toundra, humide malgré un climat sec

La couche active, qui subit l'alternance du gel et du dégel chaque année, devient spongieuse en été et ne peut s'assécher en raison de la combinaison d'une faible déclivité et de la présence du permagel sous-jacent qui constitue une couche imperméable. On assiste donc à un phénomène paradoxal : le sol de la toundra reste saturé en eau durant tout l'été bien que le climat soit sec[9].

La végétation de la toundra doit faire face à des contraintes multiples : d'une part le permagel restreint l'extension verticale des racines et crée des conditions marécageuses défavorables à l'activité biologique, d'autre part l'ensoleillement réduit, associé aux basses températures, limite la période d'activité à deux ou trois mois par an. La toundra continentale, en Eurasie et en Amérique du Nord, est caractérisée par des petits arbustes (aulnes, bouleaux, saules), des buissons nains formant des landes (l'espèce *Cassiope*, qui ressemble à de la bruyère). Certains de ces buissons peuvent donner des baies (raisins d'ours, airelles). Leur feuillage rougissant dès la fin de l'été donne à la toundra une parure flamboyante. Entre ces buissons poussent également des espèces herbacées (graminées et non graminées), diverses espèces de plantes en coussinets et en rosettes, ainsi que des mousses et des lichens. Bien des espèces sont des cousines parfois très proches de celles que l'on peut rencontrer dans les Alpes, notamment les saxifrages. Juste au nord de la limite des arbres, on trouve la toundra à arbustes bas, constituée majoritairement de bouleaux nains et de diverses espèces de saules, caractéristiques de sols bien drainés.

Les abords des marécages sont souvent envahis par des plantes graciles dont les fleurs blanches à l'aspect cotonneux donnent aux paysages de l'Arctique l'un de ses traits les plus typiques : ce sont des laîches *(Carex sp.)* ou des linaigrettes, les sphaignes (sortes de

9. La pluviométrie de la toundra est d'environ 200 millimètres.

Motifs polygonaux vus d'avion dans la toundra humide (plaine côtière du Nord-Alaska). Les plus petits polygones sont très facilement repérables au sol ; les plus grands, comme ceux présentés ici, n'apparaissent qu'en avion. Ils peuvent atteindre jusqu'à plusieurs dizaines de mètres de côté.

mousses) dominant dans les sites à mauvais drainage. L'accumulation de ces sphaignes décomposées est à l'origine des tourbières. En hiver, des vents violents viennent balayer la couche protectrice de neige et exposent les plantes aux morsures du froid.

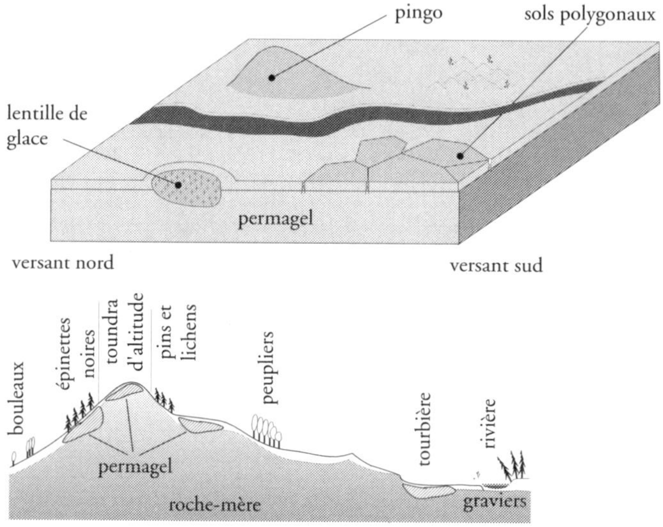

Figure 4 : *Représentation schématique des paysages typiques de toundra (haut) et de taïga (bas).*

Le paysage en toundra façonné par le permagel

Alors qu'en taïga la physionomie du paysage est essentiellement déterminée par l'importante couverture végétale, la végétation rase de la toundra laisse à d'autres facteurs le soin de façonner le paysage. Les quelques mois de dégel ont un impact considérable sur sa morphologie, qui reste figée le reste de l'année. Dans les zones les plus mal drainées, l'eau, en gelant à nouveau en hiver, crée une poche sous la couche active appelée lentille de glace. Grossissant d'hiver en hiver, cette poche soulève peu à peu la couche active. Au fil du temps, certaines lentilles ont grossi jusqu'à créer de petites collines d'autant plus remarquables qu'elles sont situées dans des terrains souvent très plats et se trouvent ainsi très isolées. Elles sont appelées par leur nom inuit : *pingos*. Dans le nord du Canada, le cœur de certains pingos a été daté de 4 500 à 7 000 ans, tandis que d'autres, déjà hauts de 6 mètres, sont apparus il y a seulement cinquante ans. Dans les endroits mieux drainés, les différences de température et la coexistence eau/glace sont responsables de mouvements saisonniers. Cette dynamique est la source d'une grande instabilité du sol qui fragilise les constructions et détruit les oléoducs. En d'autres endroits, ces mouvements séparent les cailloux des fractions plus fines du sol, formant des accumulations de cailloux alignés. En se rejoignant, ces lignes prennent l'aspect d'un réseau de polygones juxtaposés.

Un tout autre phénomène est à l'origine de la formation de sols polygonaux dont l'aspect géométrique est beaucoup plus régulier : le gel. Responsable durant l'hiver d'une contraction en surface du sol, il donne naissance à un réseau régulier de crevasses en forme de nid d'abeilles. Au cours du dégel saisonnier, ces crevasses se remplissent d'eau qui, lorsqu'elle regèle, forme un coin de glace à l'emplacement de la crevasse. Ce coin de glace s'agrandit d'année en année et s'enfonce dans le sol, traversant ainsi toute la couche active.

La rapide description que l'on vient de donner de la taïga et de la toundra a mis en évidence les contraintes imposées par la rudesse du climat. Toute modification de ce dernier va donc avoir une influence sur ces milieux.

Le réchauffement de la terre - phénomène porté récemment à l'attention du grand public - est donc susceptible d'influer directement sur leur évolution. Dans quelle mesure ? C'est ce que nous allons voir maintenant.

Des milieux fragiles face au réchauffement du climat

L'effet de serre, cause probable d'un réchauffement du climat

Il fait en général plus chaud dans une serre qu'à l'extérieur, surtout lorsque le soleil brille. Les vitres d'une serre ou d'une voiture sont transparentes au rayonnement solaire, qui est absorbé par le plancher, mais opaques au rayonnement infrarouge de grandes longueurs d'onde réémis par le plancher, qui s'échauffe. La chaleur absorbée reste ainsi piégée par les vitres : l'intérieur d'une voiture se réchauffe rapidement lorsqu'on la laisse au soleil. L'atmosphère de la terre se comporte de façon analogue. En l'absence de nuages, elle est transparente au rayonnement solaire. Du fait de sa température, la surface du sol émet un rayonnement infrarouge invisible à l'œil. Sur une planète sans atmosphère comme la Lune, ce rayonnement s'échappe directement vers l'espace. Sur la Terre, l'atmosphère contient certains gaz[10], appelés gaz à effet de serre, qui absorbent ce rayonnement terrestre et renvoient vers la surface un rayonnement atmosphérique, élevant ainsi de plusieurs dizaines de degrés la température de notre planète.

Il est important de noter ici que l'effet de serre existait bien avant les activités humaines, puisqu'il a permis l'apparition et le développement de la vie sur Terre en y maintenant des températures clémentes. La température moyenne de la Terre peut être modifiée si la proportion des gaz absorbants change, et c'est là que la responsabilité de l'homme intervient.

Tous les scientifiques s'accordent à dire que l'atmosphère devient de plus en plus opaque au rayonnement terrestre, ce qui provoquera probablement une augmentation de la température moyenne[11]. En pratique, un réchauffement de 1 à 3,5 degrés selon les modèles est attendu pour un doublement de la teneur en CO_2 (prévu au cours du siècle prochain). À titre de comparaison, il fait en moyenne trois degrés de plus à Montpellier qu'en région parisienne.

10. Ces gaz ont pour la quasi-totalité une origine naturelle : la vapeur d'eau, le dioxyde de carbone (CO_2), mais aussi le méthane (CH_4), le protoxyde d'azote (N_2O) et l'ozone (O_3) participent à l'effet de serre. Une proportion croissante de ces gaz (CO_2 notamment) a maintenant pour origine les activités humaines. Seuls les chlorofluorocarbures (CFC) sont uniquement liés aux activités industrielles. (Ces derniers sont de plus responsables d'un tout autre effet dans l'atmosphère : la dégradation de la couche d'ozone à très haute altitude.)

11. Plusieurs phénomènes consécutifs au réchauffement sont susceptibles de jouer un rôle aggravant : l'évaporation accrue des océans augmente la concentration en vapeur d'eau atmosphérique (gaz à effet de serre) ; la diminution des surfaces enneigées « réflectrices » augmente l'absorption du rayonnement solaire. En revanche, on ne connaît pas avec précision l'évolution de la couverture nuageuse du globe, qui peut accélérer ou ralentir le réchauffement lié à l'effet de serre. Il en résulte une assez grande incertitude sur les prévisions.

Paysage en taïga : bois de mélèzes clairsemés alternant avec des zones marécageuses.

Prévoir les conséquences de l'effet de serre nécessite de comprendre le fonctionnement des écosystèmes

La cause la plus importante de l'aggravation de l'effet de serre est la brusque augmentation de la teneur en dioxyde de carbone (le gaz carbonique : CO_2) liée aux activités humaines : d'une part l'utilisation croissante des combustibles fossiles (charbon, pétrole et gaz naturel), d'autre part les brûlis associés à la déforestation des zones tropicales.

Après être restée stable pendant 10 000 ans, la teneur de l'air en CO_2 augmente depuis le début de l'ère industrielle, lentement au début, puis de plus en plus vite, suivant l'explosion du développement industriel de cette fin de siècle. En 1995, elle dépassait de 28 % la teneur obtenue en l'an 1800 (soit avant la révolution industrielle). Cependant, cette augmentation est difficile à prévoir, car le CO_2 participe également au fonctionnement des organismes vivants : matière première de la croissance des plantes, sa concentration joue un rôle fertilisant. Aussi l'accroissement de sa teneur dans l'air peut-il être ralenti ou accéléré selon que les écosystèmes répondent à cette variation en fixant ou en dégageant à leur tour du CO_2. Il est important de noter qu'à cette réaction directe des écosystèmes au changement de composition de l'atmosphère se superposent les effets à plus longue échéance induits par le réchauffement du climat.

Lorsque l'on fait le bilan des gains et pertes du CO_2 atmosphérique, on constate que l'on retrouve chaque année dans l'atmosphère un peu moins de la moitié du CO_2 qui y est injecté. Le CO_2 ayant disparu semble avoir été absorbé en parts à peu près égales par les océans et par les écosystèmes terrestres. Pour ces derniers, le CO_2 est fixé par la photosynthèse des feuilles vertes et rejeté par la respiration des plantes et des animaux.

En régime « normal », dans un écosystème non perturbé par un apport externe de CO_2, la respiration des plantes et des animaux équilibre la photosynthèse, et le bilan ne s'accompagne pas d'une fixation du carbone. Actuellement, dans certains écosystèmes terrestres tels que les forêts tempérées et tropicales, la photosynthèse semble augmenter plus vite que la respiration, provoquant une accumulation du carbone fixé par ces écosystèmes. Une partie au moins de cette augmentation de photosynthèse est une réponse à la croissance du CO_2 atmosphérique[12].

Les enjeux associés aux terres boréales et arctiques

Malgré l'immensité des zones boréales (trente-cinq fois la surface de la France, soit 13 % environ des terres émergées), elles ont longtemps été considérées comme des régions ayant une très faible interaction avec le reste de la biosphère. Il était ainsi couramment admis que, du fait de l'extrême brièveté de la période d'activité végétale (coïncidant avec le court été arctique), la participation de ces milieux restait très faible comparée aux milieux tropicaux, dont l'activité biologique est incomparablement plus importante.

Les choses ne sont pourtant pas si simples : les pollutions associées aux activités industrielles produisent des modifications sensibles de composition chimique de l'atmosphère à l'échelle de la terre entière. Les milieux boréaux et arctiques, aussi éloignés soient-ils des centres urbains et industriels, sont, plus encore que d'autres écosystèmes, concernés par ce changement. En effet, ils contiennent des quantités considérables de carbone dans leur sol[13], sous forme de matière organique morte. Cette dernière se décompose sous l'action de bactéries, qui produisent du gaz carbonique (CO_2) et du méthane (CH_4). En raison des très basses températures moyennes, le processus agit lentement, et la matière organique morte a tendance à s'accumuler dans le sol et dans la couche de litière au-dessus du sol. Ces biomes[14] ont donc stocké du carbone dans leurs sols au cours des dix derniers millénaires.

Depuis une dizaine d'années, la communauté internationale s'interroge sur l'incidence qu'aurait un changement climatique sur

12. Plusieurs études récentes du bilan carboné dans des forêts tempérées ou tropicales ont conclu à une accumulation de carbone dans l'écosystème.

13. La toundra et la taïga réunies renferment environ un quart des réserves mondiales de carbone organique souterrain.

14. Le biome désigne l'ensemble des communautés végétales et animales qui composent les grands ensembles naturels continentaux (« macro-écosystèmes »). La classification la plus simplifiée distingue neuf biomes, répartis suivant les latitudes croissantes à partir de l'équateur : forêts tropicales humides, forêts tropicales sèches, savanes, déserts, forêts méditerranéennes, forêts de feuillus, steppes, taïga, toundra.

la taïga et la toundra. En particulier, les modèles montrent que l'élévation de température causée par l'augmentation des gaz à effet de serre dans l'atmosphère des zones de latitude élevée sera deux à trois fois plus forte qu'aux basses latitudes. En outre, les zones boréales et arctiques sont particulièrement sensibles à un changement climatique. Un réchauffement du climat augmente par exemple la durée de la saison de croissance des plantes et entraîne une diminution du volume total de permagel. De telles modifications conduiraient à des changements profonds dans le fonctionnement des biomes et, par voie de conséquence, perturberaient le régime d'échange de dioxyde de carbone (CO_2) avec l'atmosphère.

Vérifier si des mutations sont déjà perceptibles dans la végétation de la taïga et de la toundra est donc primordial, car cela permettra de comprendre et d'essayer de prévoir l'impact d'un changement climatique sur la production de méthane et sur les réserves en carbone de ces biomes. Ces espaces boréaux et arctiques vont-ils contribuer à stocker le carbone rejeté dans l'atmosphère par les activités humaines ou, au contraire, participer eux aussi à l'accumulation des gaz à effet de serre dans l'atmosphère ?

Telles sont les différentes questions qui préoccupent aujourd'hui les scientifiques. Pour y répondre, des recherches sont conduites aussi bien sur le terrain[15] qu'en laboratoire, comme en témoignent les différentes études dont nous allons exposer les premiers résultats.

Une campagne de mesures dans la taïga canadienne

Dans la partie centrale du Canada, à cheval sur les provinces de Saskatchewan et de Manitoba, le paysage est dominé par une alternance entre des espaces ouverts, lacs et zones marécageuses, et des zones de forêt dominées par quelques essences (feuillus ou résineux dans le sud, résineux seuls dans le nord). Des recherches

15. Les campagnes de mesures font intervenir des chercheurs d'origines scientifiques diverses - on voit ainsi écologistes, biologistes et climatologues se côtoyer dans la bonne humeur. Malgré des attaques répétées de moustiques et de mouches noires, le travail de terrain est toujours enrichissant, permettant de multiples rencontres informelles sur le site lui-même ou dans les rares restaurants de la zone, plus habituellement fréquentés par des bûcherons que par des scientifiques.

ont été menées dans cette région pour expliquer une observation étonnante : comment la forêt peut-elle être si sèche, au point d'être périodiquement ravagée sur des surfaces importantes par des feux allumés par la foudre, alors que l'on trouve à peu de distance de grandes surfaces d'eau libre ?

Dans un cadre plus général, il s'agit d'étudier le fonctionnement actuel de la taïga et de tenter de prédire son évolution en réponse aux changements climatiques attendus durant le XXIe siècle. Dans ce but, la NASA et plusieurs agences canadiennes et américaines ont lancé l'opération BOREAS (Boreal Ecosystem Atmosphere Study), constituée d'un vaste programme d'étude de la forêt boréale et de ses échanges avec l'atmosphère[16].

Un objectif important pour les scientifiques réunis sur le terrain est de calculer les échanges d'énergie et de matière de la forêt sur un carré de 1 000 kilomètres de côté centré sur la Saskatchewan et le Manitoba (figure 5). Pour cela, des équipes d'écologistes - dont la nôtre - étudient les processus biologiques à l'échelle du rameau, de la branche, de l'arbre ou sur de petits échantillons de sol. Elles cherchent à généraliser leurs mesures à l'aide de modèles mathématiques permettant de prédire l'action du climat sur ces processus. D'autres équipes mesurent les flux globaux de gaz et d'énergie au-dessus de la forêt à l'aide de capteurs montés sur des tours. Une dizaine de ces tours surmontant la forêt ont été édifiées et équipées d'instruments de mesure dans deux zones, respectivement près de Prince Albert en Saskatchewan (site sud) et près de Thompson au Manitoba (site nord). Pour connaître la variation des flux sur l'ensemble de la zone, une douzaine d'avions ont été utilisés, soit pour la mesure directe des flux à l'aide de capteurs montés à l'avant de l'appareil, soit pour le calcul de ces flux à partir de variables accessibles par des mesures de télédétec-

16. Un ensemble de 86 équipes participe à ce programme, dont la période de mesures a commencé en 1993 et qui a connu des campagnes importantes en 1994 et 1996. Ces équipes viennent en grande majorité des États-Unis et du Canada ; six équipes européennes participent également au projet.

tion[17]. Des observations satellitaires permettent de compléter les mesures aériennes sur l'ensemble du secteur. Plusieurs équipes s'occupent enfin de mesurer les variables climatiques à l'aide de stations météorologiques automatiques, ainsi que les variables hydrologiques (variations du stock d'eau dans les sols et du débit des rivières) et les flux de gaz présents à l'état de traces, lesquels peuvent se révéler des acteurs importants dans le fonctionnement global de la forêt.

Bien que le programme BOREAS ne soit pas encore achevé, les premiers résultats que nous présentons ci-dessous permettent d'avoir un aperçu de l'étude.

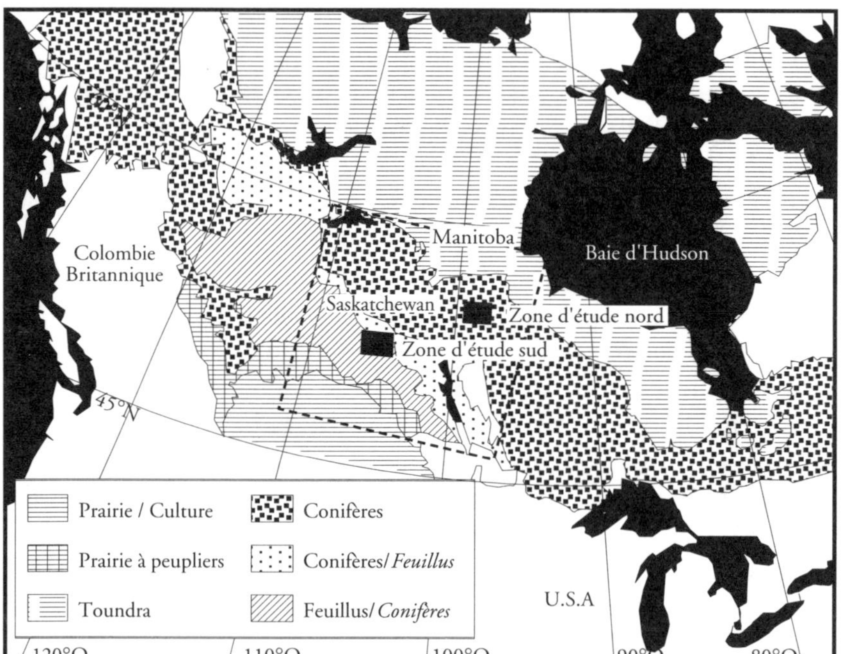

Figure 5 : *Répartition des différents types de végétation dans l'Ouest canadien. Le carré d'étude BOREAS est délimité en pointillé (1 000 km de côté).*

17. Mesures du rayonnement réfléchi ou émis par la végétation dans divers domaines de longueur d'onde.

Répartition des types de végétation

Une estimation des divers types de végétation rencontrés sur la zone d'étude a été faite à l'aide d'observations satellitaires du rayonnement réfléchi, dans le domaine des radiations visibles à l'œil, et dans le proche infrarouge. Chaque type de végétation ayant des caractéristiques de réflexion qui lui sont propres, on peut déterminer à partir des données envoyées par les satellites la nature de la végétation sur l'ensemble de la zone. Une cartographie de la fraction de surface occupée par la végétation à diverses époques de l'année a permis une classification de la zone, présentée dans l'annexe I.

Les forêts de conifères se situent pour l'essentiel sur des sols humides mais non asphyxiants, avec comme espèce dominante un épicéa - l'épinette noire *(Picea mariana)* -, souvent mélangé à quelques mélèzes *(Larix laricina)*. On trouve en sous-bois des mousses abondantes, qui traduisent un bon apport d'humidité pendant presque toute la saison de croissance. Les forêts de conifères sur les sols secs situés quelques mètres plus haut que les bas-fonds sont dominées par une espèce de pin *(Pinus banksiana)*. On ne trouve pas de mousses en sous-bois, mais des lichens, qui résistent bien à une forte déshydratation et reprennent leur activité dès qu'ils sont réhumectés par une pluie ou par la rosée. Dans le sud, les sols les plus riches sont couverts de peupliers *(Populus tremuloides)*, seuls ou souvent en mélange avec des conifères. À la différence de nos forêts tempérées, la couverture des arbres n'est jamais totalement continue. Elle laisse ainsi filtrer une fraction appréciable (10 à 30 %) du rayonnement solaire utile pour la photosynthèse. Cela autorise une végétation de sous-bois souvent assez abondante, avec des noisetiers ou d'autres espèces d'arbustes.

On remarque également l'abondance des surfaces récemment brûlées ou en régénération. On estime en première approximation qu'environ 1,5 % de la forêt boréale est consumée par le feu chaque année[18], ce qui constitue le facteur clé de la régénération. Pour

18. Ce chiffre est valable pour la partie occidentale de la forêt canadienne. Dans la partie orientale (Ontario, Québec), plus humide, il tombe à 0,24 % par an.

que l'écosystème accumule du carbone, il faut donc que la fixation du carbone par les arbres excède la libération du carbone par les feux de forêts.

Pour étudier les échanges gazeux entre la taïga et l'atmosphère, diverses méthodes ont été utilisées par BOREAS. Quelques-unes sont présentées dans leurs grandes lignes en annexe I. Les résultats fournis ici sont encore préliminaires, mais constituent déjà des indications intéressantes sur le fonctionnement de la taïga. Les points principaux concernent les échanges de rayonnement et d'énergie de la forêt, y compris ses pertes en eau, et le bilan carboné de l'écosystème à l'échelle locale.

La forêt absorbe fortement le rayonnement solaire

Les mesures de routine effectuées par les stations météo automatiques évaluent le rayonnement solaire et celui réfléchi par la forêt. La figure ci-contre présente les variations saisonnières de l'albédo[19] pour un type de forêt et pour une prairie. En été, la forêt réfléchit moins que la prairie (8 % environ contre 20 %). Ce résultat se conçoit bien : une forêt paraît bien plus « sombre » qu'une parcelle de prairie. En hiver également, la forêt réfléchit moins (30 % contre 60 à 80 % pour la prairie). En effet, durant l'hiver, le soleil est bas sur l'horizon, et les ombres projetées par les arbres diminuent l'albédo, alors que la prairie, entièrement recouverte de neige, reste très réfléchissante.

En conséquence, la taïga hivernale absorbe davantage de rayonnement solaire que la toundra, qui comme la prairie est entièrement couverte de neige. Or dans la plupart des modèles climatiques on supposait que la forêt en hiver se comportait comme la toundra. La prise en compte de cette absorption accrue modifie les prévisions données par les modèles : elles annoncent désormais un

19. On appelle « albédo » la fraction du rayonnement solaire réfléchi par une surface uniformément éclairée. Caractéristique de cette surface, l'albédo varie de 0 pour une surface noire à 1 pour une surface totalement réfléchissante.

réchauffement supplémentaire en réponse à une augmentation des gaz à effet de serre. Plusieurs conséquences « en cascade » en découlent : ce réchauffement entraînera un déplacement des isothermes vers le nord. L'ensemble de la zone de taïga, profitant de ces conditions plus clémentes, devrait ainsi migrer vers les zones septentrionales, avec un certain retard cependant en raison de la vitesse limitée de propagation des semences.

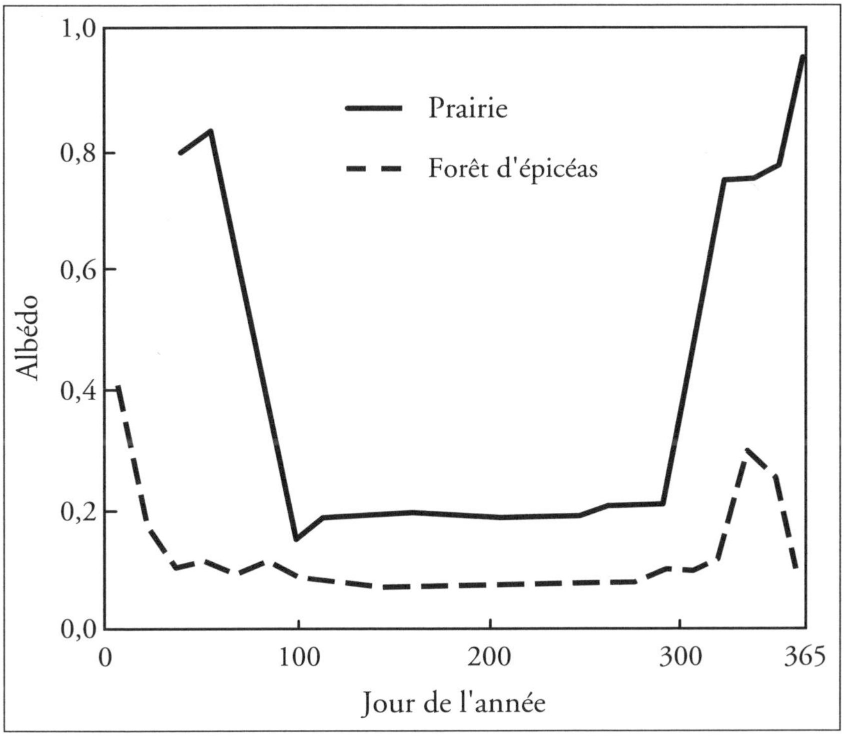

Figure 6 : *Variation de l'albédo (fraction du rayonnement solaire réfléchi) au cours de l'année pour deux types de végétation. La forêt d'épicéas réfléchit moins que la prairie et absorbe donc plus de rayonnement. C'est particulièrement vrai en hiver (jours avant 100 et après 300) quand il y a de la neige ; le soleil, bas sur l'horizon à ces hautes latitudes, est source d'ombres portées par les arbres. Cet effet entraîne une diminution relative de l'albédo de la forêt par rapport au manteau neigeux bien réfléchissant de la prairie.*

La taïga transpire peu

Les recherches menées sur le terrain nous informent également sur un autre processus : la faible transpiration de la forêt boréale. La quantité caractéristique que l'on mesure se nomme évapotranspiration. Il s'agit de la perte totale en vapeur d'eau de cette forêt. C'est la somme d'une évaporation et d'une transpiration. L'évaporation est celle des surfaces humides : sol, eau libre, végétation mouillée (en cas de pluie ou de rosée). La transpiration implique un passage de vapeur d'eau à travers l'épiderme des feuilles, percé de stomates, sortes de petites bouches d'ouverture variable qui contrôlent les échanges gazeux. Ces flux de vapeur d'eau sont généralement exprimés en hauteur d'eau évaporée par unité de temps[20].

Les mesures ont montré sans ambiguïté que l'évapotranspiration des forêts de conifères est faible : elle ne dépasse pas 2 millimètres par jour pour une forêt de pins. L'énergie nécessaire à cette évapotranspiration consomme seulement un quart du rayonnement net, qui constitue l'énergie rayonnante totale disponible à la surface du sol, le reste de cette énergie servant à chauffer l'air et un peu le sol. La figure de la page 52 montre clairement la part assez faible de la transpiration des pins en comparaison du rayonnement net - dans ce cas, on a exprimé le rayonnement net sous forme de son équivalent en évaporation. Des résultats semblables ont été obtenus sur le site à épicéas : là encore, une faible fraction du rayonnement net est utilisée pour l'évapotranspiration. En revanche, la forêt de peupliers avec sous-bois de noisetiers présente une évapotranspiration qui est à peu près le double de celle des conifères. Elle contribue donc d'autant moins au chauffage de l'air.

Ces résultats ont une conséquence importante à l'échelle régionale. Il existe dans l'atmosphère une zone dans laquelle les propriétés de l'air (température, humidité, vent...) sont influencées par les échanges de chaleur et de vapeur d'eau à la surface : c'est la

20. À titre d'exemple, l'évapotranspiration d'une forêt feuillue en région parisienne est d'environ 4 millimètres par jour en été.

couche limite planétaire, dont l'épaisseur est faible la nuit (quelques dizaines de mètres) parce que l'air est stable, la surface étant plus froide que l'air au-dessus. Cette épaisseur augmente pendant la journée, en relation avec le flux de chaleur injecté dans l'air par la surface, alors plus chaude que l'air. Dans les régions tempérées, elle atteint 1 000 à 1 500 mètres de hauteur en milieu de journée, tandis que sur les sites de BOREAS on a obtenu couramment des hauteurs de 2 500 à 3 000 mètres, comparables à celles au-dessus de zones arides. Comme l'essentiel de la forêt boréale est constitué de conifères dont l'évaporation est faible, la majorité du rayonnement net est dissipé en chaleur. Le bilan net est globalement peu affecté par la plus forte évaporation des forêts de peupliers et des lacs, qui représentent moins de 20 % de la surface totale.

Au vu de ces résultats, on peut expliquer la proximité des lacs avec des forêts plutôt sèches. Puisque l'évaporation est faible sur l'ensemble de la zone, les précipitations alimentent de façon substantielle les cours d'eau, les zones humides et les lacs. Ce phénomène est assez évident lorsque les températures sont basses (elles limitent l'évaporation). Il est plus inattendu pendant l'été, où on imaginait une consommation en eau de la forêt beaucoup plus forte que celle réellement enregistrée.

L'essentiel de l'eau évaporée est en fait de l'eau transpirée, passée à travers les stomates des aiguilles de conifères. Une transpiration limitée est la conséquence d'une faible surface d'aiguilles ou bien d'une faible porosité de celles-ci. Qu'en est-il réellement ?

Certaines équipes ont évalué l'indice foliaire, soit la surface d'aiguilles ou de feuilles par unité de surface de sol. Cet indice foliaire est généralement faible dans la forêt boréale, entre 1,5 et 3 pour les arbres, alors qu'une forêt constituée de feuillus dans une région tempérée a un indice foliaire de l'ordre de 6 en été. Quant à la porosité des aiguilles, elle est exprimée par une variable qu'on appelle la conductance stomatique. Cette conductance est basse elle aussi, ce qui prouve que la transpiration peu élevée provient à la fois de la faible surface des aiguilles de conifères et de leur faible porosité.

La forêt accumule un peu de carbone

Un autre enseignement que l'on peut tirer de ces recherches concerne l'accumulation du carbone dans ces forêts. Les stomates, dont on a montré dans le paragraphe précédent que leur faible porosité limite les pertes en vapeur d'eau des conifères, contrôlent également les échanges de CO_2. On s'attend par conséquent à ce que l'absorption de CO_2 par ces forêts soit modérée. Les flux de CO_2 mesurés au-dessus des forêts de conifères sont effectivement assez faibles. La photosynthèse et la respiration conduisent respectivement à une forte fixation et à un fort dégagement de CO_2, ces deux composantes se compensant quasiment : la photosynthèse excède légèrement la respiration, ce qui se traduit par une fixation nette de carbone.

C'est logique, puisque les arbres augmentent au cours de leur croissance la biomasse de leurs troncs. L'accumulation de carbone déduite des échanges de CO_2 semble cependant un peu supérieure à celle mesurée dans les troncs. L'excédent paraît absorbé par le sol, qui verrait donc son contenu en matière organique augmenter.

Ce résultat, obtenu sur une forêt de pins, est loin d'être définitif, puisqu'il résulte de soustractions entre des termes importants entachés d'erreurs. Les mesures sur une forêt d'épicéas semblent indiquer au contraire une diminution du stock de matière organique du sol.

Même s'il est confirmé que les écosystèmes étudiés accumulent du carbone, peut-on en déduire que la forêt boréale dans son ensemble est un puits pour le carbone rejeté par les activités humaines (combustion de charbon, pétrole, gaz naturel) ?

Il ne faut pas aller trop vite. Nous avons souligné dans l'introduction l'importance des feux de forêt, qui consument annuellement environ 1,5 % de la surface du carré BOREAS de 1 000 kilomètres de côté.

Pour que la forêt soit globalement un puits de carbone, il faut que les quantités de carbone accumulées par les peuplements non brûlés soient supérieures à celles rejetées par les peuplements brûlés, ce qui reste à démontrer.

Perspectives sur la taïga

Qu'avons-nous appris sur la taïga ? Peut-être avant tout une leçon de modestie. Nous avons découvert une mosaïque de forêts de résineux parsemée de lacs, de bois de feuillus, de forêts mélangées et de zones humides dénudées. Ce milieu complexe se renouvelle sous l'action du feu, qui passe en moyenne une fois par siècle. Nous n'avons donc qu'une vue instantanée du fonctionnement de ce biome.

La photosynthèse et la transpiration des résineux restent assez faibles, et les forêts deviennent, durant le jour, de puissantes sources de chaleur qui affectent l'atmosphère sur des hauteurs de 2 000 à 3 000 mètres. Les arbres, assez clairsemés, laissent passer la lumière et permettent la croissance de mousses dans les endroits humides et de lichens dans les endroits plus secs, avec diverses plantes de sous-bois. La respiration des arbres et du sol est importante, presque équivalente à la fixation de carbone par photosynthèse. Il en résulte une croissance des arbres lente mais continue, accumulant ainsi une biomasse importante bien qu'inférieure à celle de nos forêts tempérées.

De nombreux points, cruciaux pour l'avenir, restent encore en suspens. La matière organique du sol (litière, humus) est-elle bien en augmentation, comme semblent le suggérer certains résultats ? Quel est le rôle joué par la taïga dans les émissions de gaz à effet de serre autres que le CO_2, comme le méthane ou l'oxyde nitreux ? Réciproquement, quels effets le réchauffement plus important prévu au siècle prochain (par augmentation de l'effet de serre) va-t-il induire sur les forêts ? Comment intégrer notre vision « instantanée » (c'est-à-dire sur la période d'une seule année) du fonctionnement de la taïga avec ce que nous savons de la dynamique plus lente de régénération après le passage du feu ? Autant de questions auxquelles nous espérons apporter un début de réponse dans la suite du programme de recherche. Des problèmes similaires ont été envisagés pour les étendues de toundra. Nous allons les aborder dans ce qui suit.

Le rôle de la toundra sur le climat de demain

Les résultats que nous présentons ici concernent la toundra arctique, de loin la plus étendue en superficie. C'est dans la couche active (rappelons qu'il s'agit de la couche supérieure du sol, limitée en épaisseur, qui dégèle durant l'été) que se produit l'essentiel de l'activité bactérienne et microbienne à l'origine de la décomposition de la matière organique morte. Les températures très basses et la teneur très élevée en eau dans le sol de la toundra sont défavorables à la décomposition de la matière organique. Aussi, bien que la photosynthèse soit relativement faible en raison des températures basses et de l'ensoleillement limité, la toundra a-t-elle accumulé au cours du passé géologique « récent » (durant les dix à douze derniers milliers d'années) de grandes quantités de matière carbonée[21].

Il est ainsi apparu ces dernières années que ces stocks importants de carbone pourraient faire jouer à la toundra un rôle déterminant dans le cadre d'un changement global du climat terrestre.

Une source de CO_2 supplémentaire dans un monde plus chaud ?

La matière carbonée de la toundra se trouve dans les 20 à 150 premiers centimètres de son sol, sous forme de matière organique partiellement décomposée (tourbe et humus). Dès lors, de petites modifications du taux de décomposition de cette matière organique peuvent entraîner des variations importantes de la quantité de CO_2 échangée entre le biome et l'atmosphère. Or un réchauffement du climat devrait justement entraîner une accélération de la décomposition de la matière organique, ce qui pourrait se traduire par une augmentation importante des émissions de CO_2 en provenance de la toundra. Dans ce cas, on assisterait à une inversion du rôle de la toundra face au bilan du carbone : les réserves de carbone accumulées dans le passé seraient peu à peu

21. Environ 13 % des réserves totales de carbone souterrain de la planète, soit 27 % de la quantité de carbone actuellement contenue dans l'atmosphère.

relâchées dans l'atmosphère. D'après ce scénario, un réchauffement du climat entraînerait donc une augmentation des émissions de CO_2 par la toundra, qui viendraient s'ajouter au CO_2 présent dans l'atmosphère suite aux activités humaines. Dès lors, comme l'augmentation de la teneur en CO_2 de l'atmosphère est elle-même la cause d'un réchauffement climatique, on risquerait de voir s'emballer l'accroissement du CO_2 atmosphérique et le réchauffement par effet de serre qui en découle. Un tel phénomène en spirale traduit bien l'intime connexion des processus écologiques à l'échelle de la terre entière.

La crainte que la toundra ne se transforme en une source importante de CO_2 dans le cas d'un réchauffement climatique a donc motivé, ces dernières années, campagnes de mesures, expériences et modélisations centrées sur la toundra.

Mesurer puis modéliser

Comment le chercheur peut-il estimer la réponse d'un écosystème à un changement climatique ? Il existe deux approches très différentes et, en réalité, complémentaires : il s'agit de l'approche expérimentale et de la modélisation.

Les expériences dont il s'agit ici peuvent être menées soit sur le terrain, soit en laboratoire. Un échantillon de toundra est soumis à des variations données de température, de luminosité et d'apport en eau, tandis que les variations des flux de CO_2 à sa surface sont mesurées. Outre les problèmes pratiques que pose ce genre d'étude (minimisation de l'impact du dispositif de mesure sur le biome, échantillonnage tenant compte de l'hétérogénéité du terrain et de la végétation, etc.), de telles expériences ne renseignent que sur la réponse à court terme du système étudié (c'est-à-dire sur des périodes allant de quelques jours à quelques semaines) et, plus rarement, à moyen terme (jusqu'à quelques saisons de croissance d'affilée). Or la question posée concerne la réaction du biome à un changement climatique sur des périodes beaucoup plus longues (de cinquante à cent ans).

À l'opposé, la modélisation numérique à l'aide d'ordinateurs présente l'avantage de permettre la simulation du comportement du biome étudié sous n'importe quelles conditions climatiques et pendant des périodes relativement longues. Cependant, les modélisateurs se heurtent à la nécessité de traduire en équations tous les processus biologiques et physiques intervenant dans les échanges de CO_2 entre la toundra et l'atmosphère. Cette représentation mathématique est fondée sur les connaissances expérimentales, et des hypothèses sont avancées là où celles-ci sont encore incomplètes. Les prédictions obtenues à l'aide d'un modèle doivent donc être évaluées avec précaution, en toute connaissance des hypothèses sur lesquelles le modèle s'appuie.

Nous présentons ci-dessous une brève description du système modélisé et résumons les conclusions de nos travaux. Le flux net de CO_2 échangé entre un écosystème et l'atmosphère est la résultante de trois flux associés à trois processus bien distincts : la photosynthèse, la respiration des plantes et la décomposition de la matière organique morte. Comme nous l'avons signalé lors de la présentation des recherches en taïga, la photosynthèse engendre un flux de carbone de l'atmosphère vers le biome, tandis qu'au contraire la respiration et la décomposition dégagent du CO_2 dans l'atmosphère (voir annexe III). Le modèle sur lequel nos résultats s'appuient fait le calcul de ces trois flux en fonction des conditions climatiques. Nous renvoyons le lecteur à l'annexe II pour une présentation plus détaillée du modèle.

Avant de pouvoir utiliser ce dernier en tant qu'outil de prédiction, il est indispensable de vérifier d'abord sa capacité à reproduire les observations dont on dispose pour le climat actuel. Pour cette étape de contrôle, les résultats donnés par le modèle ont été confrontés à des mesures effectuées dans plusieurs sites d'Alaska. Le très bon accord obtenu entre flux simulés et mesurés pour des laps de temps allant de quelques jours à deux années consécutives nous permet de conclure que les processus responsables des échanges de CO_2 sont correctement formulés à ces échelles de temps. Nous ferons l'hypothèse dans la suite que la formulation utilisée est suffisamment robuste pour donner des estimations réalistes de la réponse du biome à un changement climatique sur des périodes de cinquante à cent ans.

La réponse inattendue de la toundra face à un possible réchauffement du climat

Le modèle, une fois validé, doit nous permettre de répondre à diverses questions concernant le comportement de la toundra dans le cadre d'un scénario de réchauffement global du climat. Nous chercherons par exemple à déterminer quel serait l'impact sur le flux net de CO_2 (échangé entre la toundra et l'atmosphère) d'une augmentation de 3 degrés de la température de l'air maintenue pendant cinquante ans (rappelons que les estimations actuelles de l'augmentation de la température moyenne à la surface du globe en réponse à un doublement de la concentration de CO_2 sont comprises entre 1 et 3,5 degrés).

D'après nos résultats, la réaction de la toundra suit deux étapes : une réponse à court terme durant un à dix ans, qui se traduit par une augmentation des émissions de CO_2 vers l'atmosphère, suivie d'une réponse à long terme qui, au contraire, est une augmentation de la fixation de CO_2 atmosphérique par le biome (voir annexe III).

En effet, la décomposition commence par augmenter, dépassant la différence entre la photosynthèse et la respiration des plantes (la production primaire nette). Ce faisant, le modèle reproduit bien la réponse à court terme observée expérimentalement, à l'origine de la crainte que la toundra devienne une source massive de CO_2. La simulation de l'effet d'un réchauffement de 3 degrés maintenu pendant cinquante ans indique cependant que l'augmentation des émissions de CO_2 n'est sans doute qu'un phénomène temporaire, qui fait place à une diminution prolongée des émissions de CO_2.

L'analyse des résultats d'une simulation comme celle-ci permet de retracer les mécanismes mis en jeu par la perturbation appliquée au système (ici, l'augmentation de la température de l'air de

3 degrés). Le réchauffement entraîne la fonte de la partie supérieure du permagel, de sorte que la matière organique naguère congelée devient accessible aux bactéries et micro-organismes responsables de la décomposition. Dès lors, la décomposition et la production de nutriments (principalement l'azote minéral) qui s'ensuit augmentent d'intensité. Comme la croissance des plantes dans la toundra est actuellement limitée par la faible disponibilité en nutriments, cette quantité accrue de nutriments amplifie à terme la capacité du biome à fixer du CO_2 atmosphérique.

Il est important de rappeler que le modèle présenté ici repose sur l'hypothèse que la végétation conserve en moyenne les mêmes caractéristiques pendant toute la durée de la simulation. Si cette hypothèse était mise en défaut, nos conclusions risqueraient d'être modifiées. Par ailleurs, la quantité de CO_2 atmosphérique susceptible d'être absorbée par la toundra entière reste très modeste : en extrapolant nos résultats à une période de cent ans, nous l'évaluons à environ 1 % de l'augmentation annuelle de la teneur en CO_2 atmosphérique (le taux d'accumulation de ce dernier étant supposé constant et égal à sa valeur actuelle).

En conclusion, nos simulations montrent que la crainte de voir la toundra participer à long terme à l'accroissement de la teneur en CO_2 atmosphérique n'est pas fondée. Cependant, la toundra ne jouera vraisemblablement qu'un faible rôle modérateur à l'encontre de l'augmentation de la concentration de l'atmosphère en gaz à effet de serre durant les cinquante à cent prochaines années. Il ressort aussi de notre étude que, pour améliorer nos capacités à prédire l'évolution de la toundra, il est nécessaire d'enregistrer de manière continue pendant quelques dizaines d'années les flux de CO_2, les concentrations de nutriments et la position du permagel - objectif qui est loin d'être atteint pour l'instant. Enfin, une meilleure connaissance de la quantité d'azote et de carbone actuellement contenue dans le permagel se révèle également indispensable pour mieux quantifier les futurs échanges de CO_2 à la surface de la toundra.

De l'étude à la contemplation

De par leur immensité, taïga et toundra restent, au-delà de leur étude scientifique, des lieux de mystère et de paix. Les Indiens qui y vivent ne s'y sont pas trompés : près de Thompson, au Manitoba, ils ont fait des plus beaux sites leurs lieux sacrés, protégés de la chasse. Il existe une harmonie naturelle reliant les arbres, le sous-bois, les animaux et les hommes vivant du produit de la chasse et de la cueillette. Nous avons entrevu cette harmonie, en espérant la comprendre un peu, non pas comme une série de mécanismes isolés les uns des autres, mais comme un ensemble complexe, en équilibre avec le climat depuis des millénaires, maintenant confronté de toutes parts aux perturbations d'origine humaine.

On dit souvent que l'étude scientifique assèche le regard. Elle peut au contraire l'enrichir : connaître l'origine de l'aurore boréale n'empêche pas d'apprécier la beauté de ce spectacle gratuit. Peut-être la science servira-t-elle un jour à apprendre à l'homme à vivre en harmonie avec la nature plutôt qu'à l'asservir à ses besoins. Il subsiste peu d'endroits sur la planète où l'homme n'ait pas imprimé sa marque, souvent de façon assez grossière. Taïga et toundra restent des espaces protégés où l'on peut rêver à ce qu'est une nature primitive. Essayons de les garder intactes pour nos enfants et nos petits-enfants !

Annexes de la p. 50 à 58

Annexe I

Enregistrements des flux au-dessus de la forêt

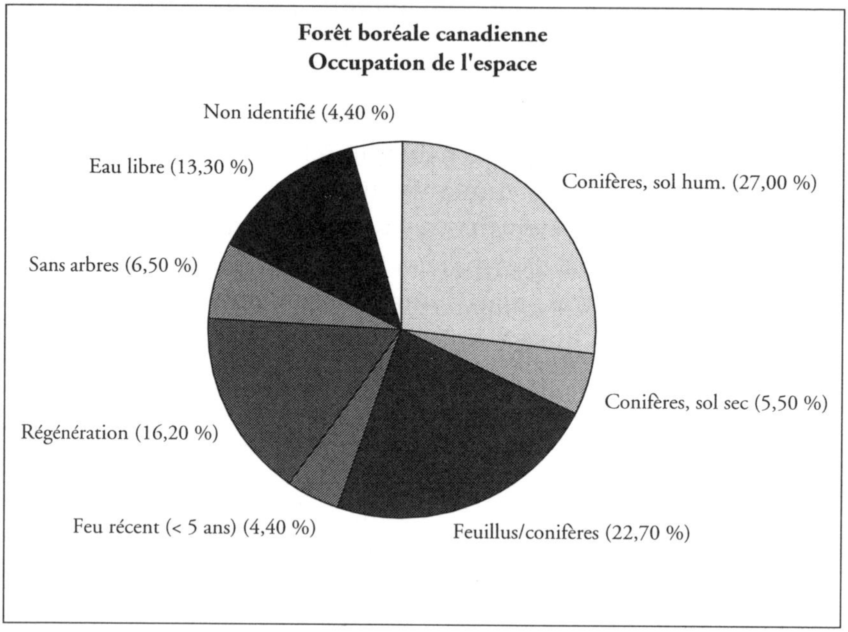

On voit sur la figure que la forêt occupe les trois quarts de la zone BOREAS, le reste étant recouvert par des lacs (13 %), des surfaces sans arbres (situées en zones humides asphyxiantes) et peuplées de plantes herbacées, ainsi que par une faible fraction non identifiée.

Méthodes utilisées pour les mesures en forêt

Pendant la journée, la forêt dégage de la chaleur et de la vapeur d'eau, et consomme du gaz carbonique par photosynthèse. Aussi, l'air situé juste au-dessus de la forêt est plus chaud, plus humide et plus pauvre en CO_2 que l'air situé un peu plus haut. Par ailleurs, le passage du vent sur la forêt engendre des tourbillons, donnant naissance à des mouvements verticaux de l'air. L'air qui monte est plus chaud, plus humide et plus pauvre en CO_2 que la moyenne. C'est le contraire pour l'air qui descend (figure ci-après). Il y a donc corrélation entre la vitesse verticale du vent et la température, l'humidité et la teneur en CO_2 de l'air. Dans la méthode dite des corrélations

turbulentes, on fait le produit entre ces caractéristiques de l'air et la vitesse verticale du vent. On effectue ensuite la moyenne de ce produit sur une durée de trente minutes pour en déduire les flux verticaux de chaleur, de vapeur d'eau et de CO_2 entre la forêt et l'atmosphère. D'autres entités physiques peuvent aussi être mesurées de cette façon, comme le méthane ou d'autres gaz traces.
La méthode a l'avantage de fournir des flux moyens pour l'ensemble de la forêt. Elle a été adaptée pour mesurer des flux par avion en montant les capteurs à l'avant de l'appareil, ce qui permet d'avoir une estimation des flux sur une région à un moment donné de la journée. En revanche, cette méthode ne permet pas de distinguer les échanges des diverses composantes de la forêt (arbres, strate herbacée et sol). Certains groupes de chercheurs ont complété la mesure locale des flux au-dessus des arbres par une mesure identique sous leur couronne, à 1 ou 2 mètres de hauteur au-dessus du sol. Ils peuvent ainsi calculer la contribution des arbres en faisant la différence entre les flux au-dessus et en dessous des couronnes. Mais la précision est limitée et la méthode assez lourde. Notre équipe a utilisé une autre technique pour mesurer les flux d'eau à travers les troncs.

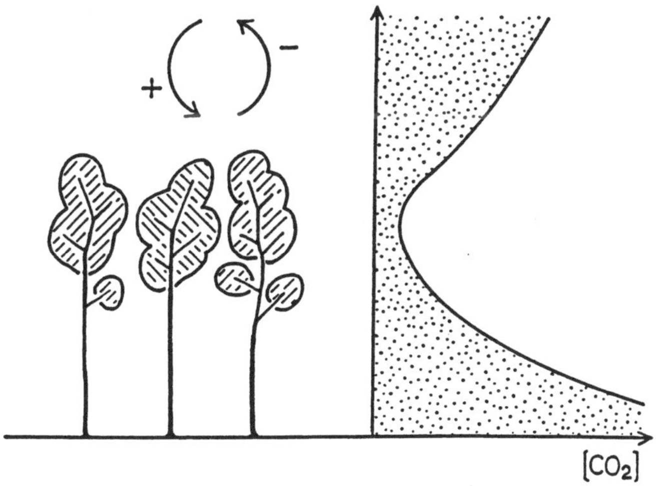

Principe de la méthode des corrélations turbulentes pour la mesure du flux de CO_2 au-dessus de la végétation. L'air qui monte est appauvri (-) en CO_2 à cause de la photosynthèse du feuillage, l'air qui descend est enrichi (+) en CO_2. Il y a donc corrélation entre la vitesse verticale du vent et la concentration en CO_2 ; leur produit, moyenné sur 30 minutes, donne le flux vertical de CO_2.

Flux de sève à travers le tronc

La méthode, imaginée par André Granier (recherche forestière, INRA, Nancy), consiste à implanter dans le tronc de cinq ou six arbres deux sondes de faible diamètre (2 millimètres) dans la partie conductrice du bois (figure ci-dessous). La sève circule en effet seulement dans la partie vivante du bois, la plus externe, qu'on appelle aubier, par opposition à la partie centrale, morte, qu'on appelle cœur. La sonde du haut est chauffée en permanence par une résistance électrique, et on enregistre en continu la différence de température entre cette sonde chauffée et une sonde non chauffée située à environ 15 centimètres en dessous, en équilibre avec la température du tronc. La nuit, lorsque le flux de sève est à peu près nul, cet écart est maximal (DT max) et vaut environ 12 degrés. Le jour, la sève circulant dans l'arbre refroidit la sonde chauffée, et l'écart (DT) diminue jusqu'à une valeur typique de 6 à 8 degrés. La vitesse moyenne de circulation de la sève dans le bois est reliée au paramètre (DT max/DT-1) par une relation indépendante de l'espèce d'arbre étudiée. Pour obtenir le flux de sève, il suffit de multiplier cette vitesse par la surface de bois conducteur. On calcule cette surface d'aubier en prélevant sur une vingtaine d'arbres des carottes de bois (de diamètre 5 millimètres), sur lesquelles on mesure l'épaisseur d'aubier - l'aubier, riche en eau, est translucide et se distingue ainsi du bois de cœur, non conducteur de la sève.

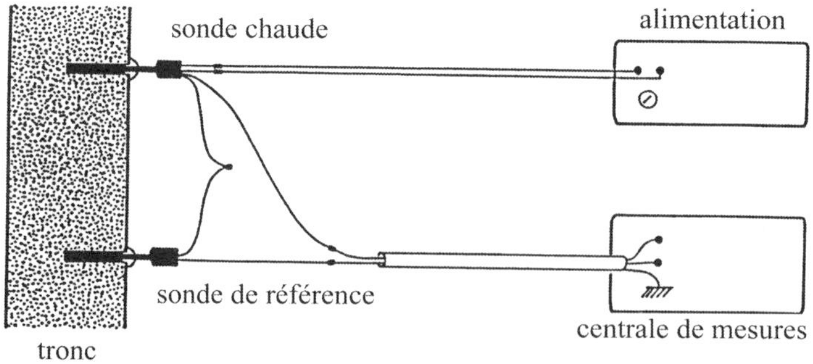

Mesure du flux de sève dans un arbre. La sonde du haut est chauffée en permanence par une résistance parcourue par un courant constant. On enregistre la différence de température entre les deux sondes, qui est maximale la nuit (environ 12 °C) et diminue le jour à cause du refroidissement lié au flux de sève.

Cette technique est simple et fiable, et permet d'enregistrer le flux de sève chaque demi-heure pendant toute une saison de croissance. On pourrait craindre la mort des cellules du bois autour des sondes, mais notre expérience montre que cet effet est négligeable sur des périodes de l'ordre de l'année.

Le matin, lorsque le soleil se lève, l'augmentation du rayonnement solaire et de la température provoque un accroissement de la transpiration et une diminution du stock d'eau dans l'arbre, de façon plus marquée dans les feuilles où se produit l'évaporation de l'eau. Il en résulte une succion hydrique, qui provoque la montée de la sève des racines aux feuilles. Les variations du flux de sève sont ainsi en retard sur celles de la transpiration à cause des changements du stock d'eau de l'arbre. Ce retard, de l'ordre de la demi-heure chez les feuillus, atteint une heure à une heure et demie chez les résineux.

Enceinte à branches

Pour obtenir de façon quasi continue les échanges gazeux (CO_2 et H_2O) d'une branche, notre équipe a mis au point une enceinte en plastique transparent (figure ci-dessous), ventilée par un débit d'air important pour minimiser les écarts de température entre l'air de l'enceinte et l'extérieur. Toutes les demi-heures, le débit d'air est stoppé et la chambre est fermée par deux volets sur l'arrivée et la sortie d'air. L'air interne à la chambre est mélangé par deux petits ventilateurs, et on enregistre les variations de température, humidité, teneur en CO_2 et rayonnement solaire à l'intérieur de la chambre. Le jour, à cause de la photosynthèse et de la transpiration de la branche, la teneur en CO_2 diminue et l'humidité augmente dans l'enceinte. On calcule les flux gazeux échangés en multipliant le volume de l'enceinte par la vitesse de variation des concentrations en CO_2 et H_2O. Cette technique est souvent utilisée sur de petits rameaux, de façon manuelle, par un opérateur qui enferme le rameau dans une chambre le temps de la mesure. L'intérêt de notre méthode est qu'elle permet de suivre les échanges gazeux nuit et jour de façon automatisée. C'est un bon complément de la méthode des corrélations turbulentes, qui fournit une précision intéressante sur des échantillons beaucoup plus limités de feuillage.

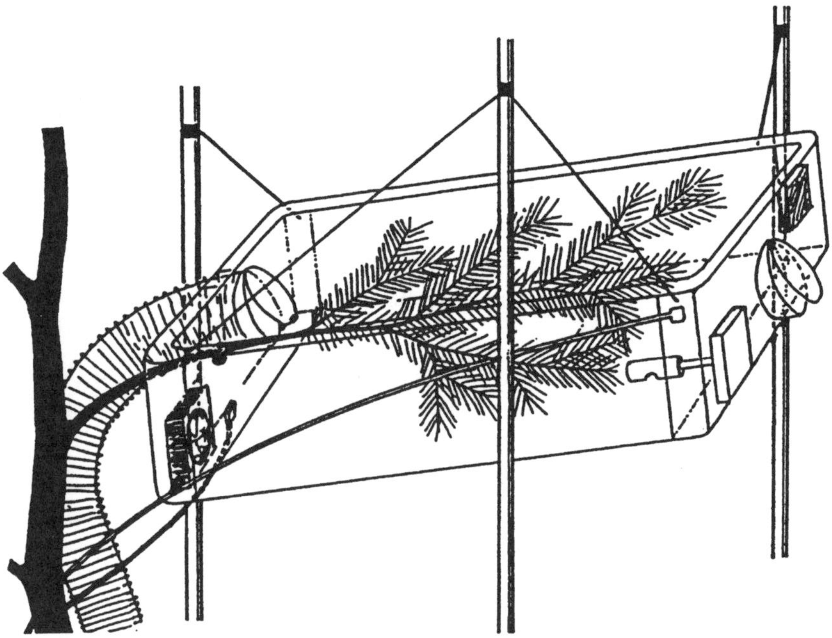

Enceinte à branches pour la mesure des échanges gazeux. La chambre, en plastique transparent, est traversée par un fort flux d'air. Toutes les demi-heures, ce flux est arrêté pendant quelques minutes, ce qui provoque la fermeture des volets situés sur l'arrivée et le départ de l'air. On suit les variations de la teneur en CO_2 et de l'humidité de l'air dans la chambre ainsi fermée, pour en déduire les échanges de CO_2 et de vapeur d'eau.

Annexe II

Description du modèle de toundra

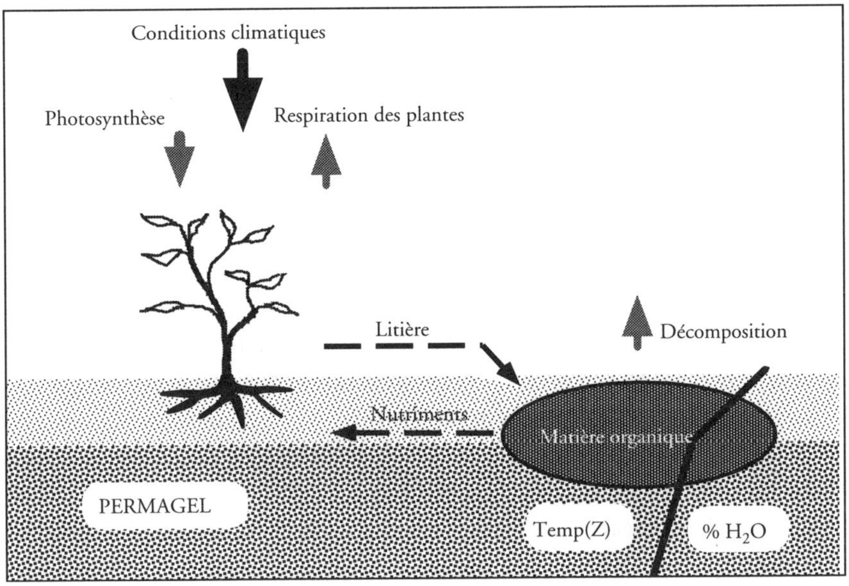

Schéma du système modélisé. Le flux net de CO_2 échangé entre un écosystème et l'atmosphère est la résultante de 3 flux : la photosynthèse, la respiration des plantes, et la décomposition de la matière organique morte. La photosynthèse et la respiration des plantes sont pilotées par les conditions climatiques à la surface, par la température et le contenu en eau du sol, et par la quantité de nutriments disponibles. La décomposition de la matière organique morte est pilotée par la température et le contenu en eau du sol.

Afin d'obtenir des résultats valables à l'échelle régionale, nous avons choisi de représenter la végétation comme une plante moyenne caractéristique d'un des types de toundra rencontrés. Les processus de photosynthèse, respiration, croissance et mortalité des plantes sont décrits en fonction de paramètres caractéristiques du type de toundra considéré (toundra des plaines humides ou des régions mieux drainées). Les flux calculés sont considérés comme représentatifs de toute l'étendue de toundra, quelle que soit sa variété.

La modélisation des conditions de température et de contenu en eau du sol occupe une place particulièrement importante dans ce

modèle. En effet, comme nous l'avons expliqué dans la présentation des milieux arctiques, la couche active en toundra est souvent saturée d'eau en raison des mauvaises conditions de drainage dues au caractère imperméable du permagel. La combinaison de températures très basses et de contenus en eau du sol très élevés est défavorable à la décomposition de la matière organique. Par ailleurs, les causes les plus importantes de la limitation de la croissance des plantes, et donc de leur capacité à fixer le CO_2 atmosphérique, outre les basses températures et la courte saison de croissance, sont les faibles quantités d'éléments nutritifs (ou nutriments) disponibles. Comme les éléments nutritifs contenus dans le sol de la toundra proviennent essentiellement de la décomposition de la matière organique morte, il est donc indispensable d'inclure dans le modèle une représentation précise des conditions de température et de contenu en eau du sol, afin de simuler correctement l'effet d'un changement climatique sur la décomposition, et donc sur les flux de CO_2 échangés à la surface du biome.
Le modèle complet est dès lors composé de deux modèles couplés : un modèle de la physique du sol et un modèle des processus biologiques responsables des échanges de CO_2 avec l'atmosphère. Le premier modèle simule les échanges journaliers d'eau et d'énergie à travers l'interface sol/atmosphère et l'évolution de la couverture neigeuse. Il calcule la température et le contenu en eau du sol, ainsi que la position du permagel. Le second modèle fournit une estimation des flux journaliers de carbone et d'azote (le principal nutriment) dans le système sol-plantes-atmosphère, ainsi que des taux de décomposition de la matière organique du sol, de photosynthèse et de la respiration des plantes. Ce second modèle est fondé sur une formulation explicite de la croissance et de la mortalité des plantes en fonction des conditions climatiques et de l'apport en nutriments.

Annexe III

La réponse de la toundra à un réchauffement du climat

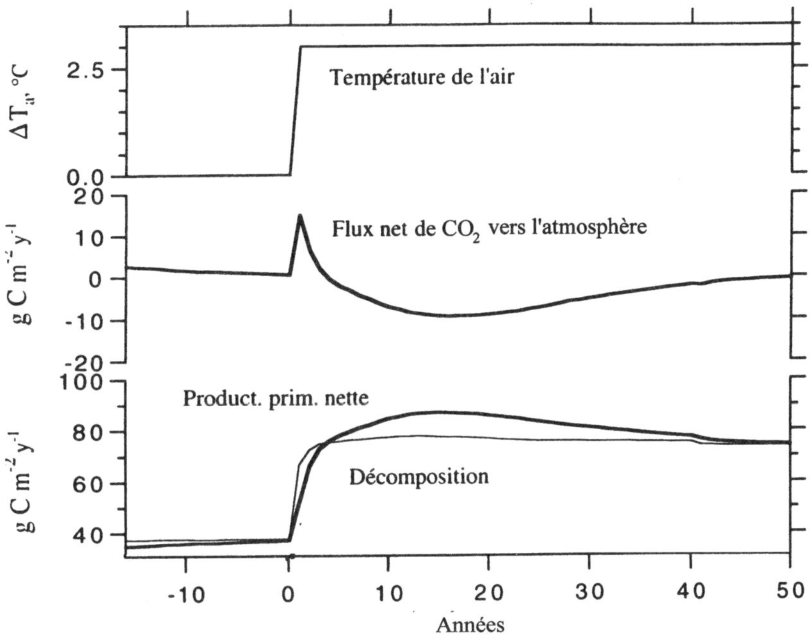

Simulation de la réponse des flux de CO_2 à une augmentation de la température de l'air de 3 °C, dans la toundra des plaines humides. Suite à la perturbation, la réaction de la toundra se traduit d'abord par une augmentation des émissions de CO_2 vers l'atmosphère, c'est-à-dire par un flux net positif (flux net = décomposition - productivité primaire nette). À plus long terme, la fonte de la partie supérieure du permagel libère suffisamment de nutriments pour que la productivité primaire nette dépasse la décomposition et que l'écosystème fixe du CO_2 atmosphérique (flux net négatif).

Pour simplifier l'exposé, l'exemple choisi est celui d'une augmentation instantanée de la température de l'air.

La raison pour laquelle l'évolution de la décomposition et celle de la production d'éléments nutritifs sont différentes est liée à la nature des différentes fractions de matière organique du sol. Le contenu en azote de la matière organique du sol varie en effet selon son stade de décomposition : la nouvelle litière ne contient qu'un atome d'azote pour environ 30 à 40 atomes de carbone, alors que l'humus en contient deux à quatre fois plus. Dès lors, la décomposition de la matière organique contenue dans le permagel libère plus d'azote minéral par unité de masse décomposée que la décomposition de la nouvelle litière, et la quantité de nutriments disponible se révèle particulièrement sensible à un événement de fonte partielle du permagel. La production de nutriments et l'augmentation de la productivité primaire nette qui en découle suivent donc une évolution distincte de celle de la décomposition (figure p. 57). Notre travail a montré qu'elle finit par dépasser l'augmentation de la décomposition due au réchauffement.

Les photos illustrant cet article sont toutes de Vincent Bouchiat, exceptée celle de la p. 27
© CNRS/CEA

Vincent Bouchiat, Bernard Saugier et Claire Waelbroeck

Les Indiens Cris de la baie James
Chronique d'une dépossession

Marie Roué

Au nord du continent américain coulent de magnifiques ruisseaux, rivières et fleuves, le pays des Cris. Territoire de développement, lieu d'enjeux colossaux, la terre de ces Indiens est au cœur de querelles d'intérêt et de revendications opposant Cris et Québécois. Alors que les Cris continuent leurs pratiques de chasse, de pêche et de piégeage, le Québec tire de ces immenses espaces des revenus importants dont son énergie hydroélectrique.

Des enjeux stratégiques d'importance

Au nord du Québec rural et urbanisé (et du 49e parallèle), au sud du pays des Inuit (et du 55e parallèle), s'étend un vaste territoire, le pays des Indiens Cris[1]. À elle seule, cette région, qu'on appelle la baie James depuis qu'elle est territoire de développement, couvre une surface qui équivaut aux deux tiers de la France[2], même si elle ne compte que 30 000 habitants. Les territoires du Moyen Nord et du Grand Nord habités par les Indiens Cris et les Inuit constituent en effet la plus grande partie de la province du Québec, presque les deux tiers[3], soit la superficie de l'Allemagne, de l'Espagne et du Portugal réunis ! C'est dire que, lors du récent référendum sur la souveraineté du Québec, lorsque Cris et Inuit ont fait part de leur intention de rester canadiens et de faire sécession si le Québec devenait indépendant, l'enjeu était majeur. D'autant que sur le territoire des Cris coulent de magnifiques rivières dont le Québec tire une source majeure de revenus et son énergie hydroélectrique. Rien d'étonnant donc à ce que la construction, non pas d'un barrage, mais de gigantesques complexes qui réunissent

1. Cette recherche a été menée de 1992 à 1994 grâce au soutien du Programme Environnement du CNRS.
2. Soit 350 000 km^2.
3. En fait, 1 066 000 km^2 sur 1 625 000 km^2.

les eaux de tous les lacs et rivières avoisinants dans d'immenses réservoirs soit une dispute d'envergure entre Québécois et Indiens Cris depuis plus de vingt ans.

La relation de ces deux peuples à la nature à travers les siècles et la représentation d'eux-mêmes qui en découle sont au cœur de leur construction identitaire. Et, comme nous le verrons, l'exploitation des ressources naturelles dans un but commercial ne date pas d'aujourd'hui. Elle est aussi ancienne que la relation des Blancs et des Indiens, que la « découverte », il y a cinq cents ans, du continent américain. Mais actuellement, la technologie occidentale est à même d'opérer une transformation radicale de l'environnement. La coexistence de deux visions du monde et de deux modes d'utilisation du même territoire est-elle toujours possible ?

La région naturelle

Du point de vue de la végétation, la région de la baie James se divise en deux zones. Au sud le domaine boréal, où l'épinette noire est dominante, le sol recouvert de mousse. On trouve aussi quelques forêts denses de sapin baumier, et d'autres espèces, tels le bouleau blanc et le tremble. Le couvert forestier est supérieur à 40 %, pour le plus grand malheur de ceux qui y habitent, car il est exploitable et exploité par des compagnies de coupe du bois. Les trappeurs cris de ces régions se plaignent que celles-ci pratiquent la coupe à blanc. Contrairement à la coupe sélective, elle laisse le sol entièrement nu. Entre autres conséquences, cette déforestation chasse tout gibier du territoire pour des décennies. Les orignaux en particulier, ces cervidés à l'énorme encolure, disparaissent en même temps que leur habitat.

La partie nord du territoire de la baie James, qu'on nomme le Subarctique, est caractérisée par des formations boisées peu denses, une végétation rabougrie. On évalue le couvert forestier, très parsemé, entre 5 et 25 %. C'est le domaine de la taïga, des lichens et de l'épinette noire, espèces extrêmement résistantes. Quand on parcourt ces forêts, on est d'abord frappé par leur homogénéité, puis par la trace omniprésente des incendies : de larges régions brûlées, d'autres où la repousse a déjà commencé. On apprend dans la littérature scientifique qu'il s'agit d'un phénomène naturel et indispensable de regénération, mais ma première réaction face à cette dévastation fut de partager la stupéfaction et l'inquiétude des observateurs non indigènes du début du siècle[4]. Seule une zone maritime au climat plus clément, en particulier dans la région du village cri de Chisasibi[5], échappe à cette monotonie : l'épinette blanche y pousse, et le sol y est recouvert de mousses, ce qui est exceptionnel à cette latitude où domine le lichen.

La région côtière bénéficie d'un climat tempéré ou humide, sur une bande d'une largeur d'environ 200 kilomètres au nord, qui s'élargit à plus de 300 kilomètres à l'intérieur des terres plus au sud. Mais l'extrême nord de la région et l'intérieur sont nettement plus froids : c'est le climat subarctique proprement dit, avec des températures moyennes annuelles de 3,8 degrés. Le mois de juillet est plus clément[6], avec des pics à plus de 20 degrés, alors que janvier est le mois le plus froid[7], avec des journées où le thermomètre descend en dessous de moins 40 degrés.

La longueur de la saison sans gel (c'est-à-dire pendant laquelle la température minimale quotidienne demeure au-dessus de 0 degré) est d'environ quatre-vingts jours. Lacs et rivières sont gelés en novembre, le dégel se situant entre la mi-mai et la mi-juin. Si la terre peut geler en hiver dans ces régions, c'est plus au nord, dans le pays des Inuit, qu'on rencontre le phénomène que l'on nomme

4. En 1896, l'explorateur Low accuse les Indiens d'avoir détruit forêt, lichens et troupeaux de caribous qui s'en nourrissaient en allumant des feux pour leurs signaux de fumée. Cette information sera reprise en 1921 par Burwash, qui a lui-même observé un feu ravageur sur 400 kilomètres de long et 160 de large. Il est admis aujourd'hui que les feux de forêt sont d'origine naturelle. Pour une discussion des circonstances de cette erreur scientifique, consulter D. Nakashima et M. Roué, « Allées et venues dans l'espace humain : déclin des populations de caribou et notion de cycle chez les scientifiques et les Inuit du Québec arctique », in *Anthropozoologica*, n° 21, 1995.

5. Chisasibi se trouve sur la plupart des cartes sous le nom de Fort-George, dénomination de l'ancien comptoir de la Compagnie de la baie d'Hudson.

6. La moyenne du mois de juillet est de 13,6 degrés.

7. Moins 22,9 degrés en moyenne.

pergélisol[8] ou permafrost, c'est-à-dire un sous-sol gelé partout en permanence et en profondeur. Chez les Indiens, dans le pays de la forêt boréale, on se contente du pergélisol « discontinu », c'est-à-dire des zones où le sous-sol n'est gelé que par endroits.

La culture traditionnelle des Cris

Des virtuoses de la diversité

Nul témoin n'a consigné pour nous la manière dont vivaient les Cris avant que les Européens n'arrivent. Les premiers siècles de contact n'ont donné lieu qu'à de rares témoignages : quelques journaux de chefs de comptoir et quelques récits de missionnaires, dont le moins que l'on puisse dire est qu'ils ne visaient pas à rendre compte du point de vue des Cris. Nous ne pouvons ici qu'imaginer, à partir de ce que nous connaissons aujourd'hui des observations et récits consignés par des ethnologues beaucoup plus récemment, ce qu'était la vie de ce peuple. Tout en tentant de nous référer à un mode de vie « traditionnel » cri, avant le contact avec les Euro-Canadiens, nous utilisons ici des sources qui sont toutes postérieures à ce contact. Nous décrivons donc un mode de vie « traditionnel » tel qu'il se pratiquait et se pratique encore aujourd'hui pour une part des activités de chasse, de pêche et de piégeage.

Alors que les Inuit occupent les régions arctiques, la toundra et les *barren grounds*[9], là où les arbres ne poussent plus, les Indiens Cris vivent dans la forêt nordique ou taïga. Tandis que les activités des Inuit sont surtout tournées vers la mer et l'exploitation des mammifères marins, les Cris sont avant tout des gens de l'intérieur des terres. Pourtant, les Cris de certaines bandes se divisaient

8. Voir l'article scientifique de V. Bouchiat *et al.* dans ce même ouvrage.

9. *Barren grounds* est l'appellation qu'auraient donnée les trappeurs canadiens à la partie du bouclier canadien qui s'étend au nord du Canada et à l'ouest de la baie d'Hudson. Cette dénomination populaire, qui souligne la pauvreté de la végétation, caractérise une côte découpée de gneiss et de granites, parsemée de petits fjords et de kyrielles de lacs. Ces terres sont avant tout perçues par l'observateur occidental comme stériles et improductives.

eux-mêmes en deux groupes, ceux de la côte, en anglais les Coasters, et ceux de l'intérieur, les Inlanders. Il est difficile aujourd'hui de savoir si cette distinction correspondait réellement à l'exploitation traditionnelle et ancestrale de deux écosystèmes différents. Elle pourrait avoir été introduite récemment, il y a quelques siècles seulement, par la présence des comptoirs de la Compagnie de la baie d'Hudson sur la côte. En effet, les marchands qui se ravitaillaient et exportaient par voie de mer installaient leurs postes à proximité de la baie James. Ils employaient alors quelques familles cries à charger et décharger les bateaux, ou à chasser pour eux les oies ou le caribou. Ces « homeguards » étaient payés en biens occidentaux. S'agit-il là de l'origine des Cris côtiers ? En tout cas, ceux de la côte avaient une adaptation bien plus maritime que ceux de l'intérieur. Comme les Inuit, avec qui ils avaient de bonnes relations, ils pouvaient se permettre d'entretenir de véritables équipages de chiens de traîneaux. Alors que les Cris de l'intérieur n'avaient qu'un seul chien de bât, les côtiers, en chassant phoques ou morses, pouvaient nourrir leurs chiens en abondance. Capables d'effectuer rapidement de longs voyages en hiver, ils étaient souvent pour cette raison les conducteurs attitrés des missionnaires.

Les Cris de l'intérieur se distinguent par une exploitation du milieu subarctique extrêmement variée, qui allait des plus petits aux plus grands animaux. Le poisson des rivières (corégones, ombles) est une ressource importante en été, qui permet de faire des réserves pour les mois à venir. En hiver, on pêche des brochets, des touladis, des corégones et des ombles, soit dans des trous percés dans la glace, soit par un système de filets qu'on fait glisser sous la glace. Les petits animaux sont piégés ou pris au collet : lapins, qui les années d'abondance représentent une proportion importante de l'alimentation, perdrix des neiges que l'on attrape dans les saulaies le long des rivières. On mange aussi le porc-épic et la plupart des animaux dont la fourrure est convoitée par les Blancs. Le castor en particulier est délicieux. Il faut dire que la cuisine crie est remarquable : du poisson fumé en passant par tous les types de poisson bouilli, et enfin, délice suprême, l'oie grillée que l'on fait tourner sur une ficelle près du feu. Chaque viande est préparée de façon différente et toujours de manière à en exalter la saveur.

Enfin, les oiseaux migrateurs étaient d'une telle abondance en septembre qu'on en conservait une partie pour l'hiver, fumés ou séchés. Au printemps à nouveau, c'est la fièvre de la sauvagine : oies, canards, huards. Les bernaches et les oies du Canada sont pour les chasseurs cris tant une ressource importante et fêtée qu'un signe annonciateur du changement de saison. Les saisons intermédiaires, celles de la débâcle[10] ou de l'embâcle, signalent l'arrivée et le départ des oiseaux migrateurs, qui montent vers le nord au printemps et s'en vont rejoindre des terres plus clémentes à l'automne. La débâcle était pour les Cris de Chisasibi un spectacle dont ils parlent encore aujourd'hui avec émotion. Du jour au lendemain, la couverture de glace commence à se fissurer sur la grande rivière. Puis des morceaux s'empilent les uns sur les autres ; une architecture mouvante et chaotique s'élabore. La musique du dégel, elle aussi, est variée, des petits bruits de choc au grand fracas, quand tout à coup la pression fait éclater un pan entier de la rivière. Pourtant, depuis que des barrages perturbent l'écoulement de la rivière, ce grand mouvement annonciateur du printemps n'existe plus.

Avril est, en cri, la « lune de l'oie », *nischi piisim*, tandis que le mois de septembre se décline différemment selon le mode d'occupation du territoire. Pour les Cris tournés vers l'exploitation de l'intérieur des terres, septembre est le mois où les caribous frottent le velours de leurs andouillers[11]. Pour les côtiers, fin août-début septembre, c'est la lune de la migration des oies, *mishikaamaahyaaupisim*, de *mishikaamaahyaau*, qui signifie littéralement « il traverse en volant », et *pisim*, « lune ».

Au printemps, on chasse également l'ours, qui sort de la tanière où il a passé l'hiver. Ses traces sur la neige molle le rendent alors particulièrement facile à repérer. C'est un animal très respecté, et

10. La débâcle est, selon *Le Petit Robert*, « la rupture de la couche de glace dont les morceaux sont emportés par le courant ». L'origine du mot est charmante, puisqu'il s'agit d'ôter la barre de fermeture, la bâcle.

11. Les bois des caribous tombent tous les ans. Ceux des mâles recommencent à pousser en mars. Au mois d'août, ils ont atteint une bonne taille et se recouvrent d'un velours qui se détache au mois de septembre. Les cervidés se frottent alors contre les arbres pour enlever le velours de leurs andouillers.

le premier ours du printemps est toujours mangé collectivement au cours d'une fête organisée en son honneur. Celle-ci commence par le repas des hommes, assis tous ensemble autour d'un plat où se trouvent la tête de l'ours bouillie et une saucisse (l'intestin rempli de graisse d'ours), tandis que les femmes sont rassemblées autour d'un plat contenant le bassin rôti et une saucisse de gras. Les convives se servent tour à tour, par ordre d'âge décroissant, le plus âgé le premier. Après ces échanges ritualisés, on se partage le reste de l'animal.

Le caribou est aussi une espèce très importante. Des notes rageuses des commerçants de la Compagnie de la baie d'Hudson nous le confirment. Les traiteurs tentaient en effet d'orienter « leurs Indiens » vers les espèces qui les intéressaient, les animaux à fourrure : castors, martres, loutres, renards, lynx et visons. Ils essayaient d'inciter par tous les moyens les Indiens à se conformer à leurs désirs : que ceux-ci passent leur hiver à piéger. Ainsi n'auraient-ils pas perdu leur temps à courir le caribou, qui n'occupait pas le même habitat que les animaux à fourrure et ne rapportait rien à la compagnie. Mais, malgré les exhortations des commerçants, le refus d'avancer vivres et munitions aux chasseurs qui n'avaient pas suivi les ordres la saison précédente, au risque de provoquer des famines, les Indiens continuaient de chasser le caribou quand il était abondant. La chasse au caribou, que l'on intercepte quand il se déplace en grands troupeaux lors des migrations d'automne ou de printemps, favorise le rassemblement de nombreuses familles. Elle permet dans l'immédiat de bien manger, mais aussi de se constituer des réserves pour les mois à venir. En outre, le caribou n'est pas seulement « bon à manger ». Sa peau est un matériau extrêmement approprié pour lutter contre le froid. C'est de peau de renne ou de caribou que tous les peuples arctiques ou subarctiques se vêtaient, hiver comme été. Manteau d'intérieur ou d'été avec le poil tourné vers l'intérieur, manteau d'extérieur ou d'hiver avec le poil tourné vers l'extérieur, bottes, mocassins, jambières, tuniques d'été sans poil, les ressources de ce matériau sont innombrables.

Complémentarité des ressources marines et terrestres, ou comment se procurer les unes sans perdre le bénéfice des autres

Chassant, pêchant, piégeant les animaux, petits et grands, qui nagent, marchent ou volent, les Cris font vraiment figure de virtuoses de la diversité. Les Lapons de la toundra scandinave, dans un milieu physique très comparable, le Subarctique européen, exploitent essentiellement une seule espèce, le renne[12]. Cet animal est la base de leur alimentation carnée et lactée, et sa peau est le matériau par excellence pour confectionner leurs vêtements. Enfin, rennes de bât et de trait permettent les déplacements en toutes saisons. Pourtant, même chez les Lapons de la péninsule fenno-scandinave, il n'y a que quelques siècles qu'un groupe s'est spécialisé dans l'élevage du renne. Auparavant, tout comme les Cris, les Lapons chassaient le renne sauvage et avaient des activités très diversifiées et saisonnières : pêche des salmonidés dans les rivières, chasse à l'ours, et même chasse des mammifères marins sur la côte. Depuis que le groupe des éleveurs a émergé - il est devenu en quelque sorte l'aristocratie de la toundra fenno-scandinave -, on a tendance à oublier les autres. Mais les Lapons de la côte, qui se sont aujourd'hui prolétarisés, ont longtemps coexisté avec les éleveurs de rennes. Pêcheurs, constructeurs de bateaux, chasseurs de mammifères marins, propriétaires de quelques moutons et de quelques rennes qu'ils laissaient pâturer avec les troupeaux des nomades, ils avaient un mode de vie modeste mais bien adapté. On peut même dire que ce sont les échanges et l'entraide entre les populations côtières et de l'intérieur qui ont permis à une minorité, les éleveurs de rennes, de se spécialiser.

L'exploitation de ces deux écosystèmes complémentaires semble la règle sous ces latitudes, et il est intéressant de noter des variantes du même schéma dans la toundra comme dans la taïga. Comment, en été, être à la fois en train de courir après les rennes dans l'intérieur des terres et de chasser les phoques en mer ?

12. Soit dit en passant, rennes et caribous sont une seule et même espèce, *Rangifer tarandus*, nommée différemment en Europe et en Amérique.

Accueillis comme autrefois par les « côtiers », « ceux de l'intérieur » s'activent à bâtir une grande tente où ils partageront ensemble un repas de retrouvailles.

Autrement dit, comment avoir de la fourrure de renne chaude mais aussi des peaux de phoque imperméables, de la graisse de baleine et de phoque sans manquer de viande de caribou ? C'est à cette question que de nombreux peuples du Nord ont répondu de façon étonnamment variée. Les Inuit d'Igloolik envoient les jeunes courir après les caribous à l'intérieur des terres et laissent les vieux plus expérimentés attraper les mammifères marins. Les Tchoutches de Sibérie font comme les Lapons : ils se divisent en Tchoutches du renne et Tchoutches maritimes. Les Cris, comme nous l'avons déjà dit, se spécialisent pour la plupart d'entre eux dans l'exploitation de l'intérieur des terres, pour les autres dans celle du littoral. Une ou deux fois par an, des rencontres permettent à tous de partager leurs ressources.

Les fêtes qui se tenaient en été chez les Cris, non loin de la côte, sont typiques de ces échanges entre peuples du littoral et de l'intérieur. Les côtiers apportaient des oies séchées et de la graisse d'oie, qu'ils remettaient au plus vieil homme d'entre ceux de l'intérieur. Ces derniers avaient gardé du castor et fait séché du caribou dont ils avaient conservé la graisse, pour les offrir au plus vieux d'entre les côtiers. Ils partageaient ainsi leurs nourritures respectives. Puis, dans un grand *wigwam*, si grand qu'il fallait entretenir trois foyers pour le réchauffer, tous échangeaient chants et émotions. Les vieux commençaient à danser et à battre le tambour. Ceux du littoral chantaient alors à propos des oies, tandis que ceux de l'intérieur évoquaient les rapides qu'ils venaient de franchir lors de leur voyage de retour vers la mer[13].

Aujourd'hui les habitants de Chisasibi habitent dans un village moderne. Pourtant ils se plaisent à commémorer chaque été leur passé récent, pour panser les blessures causées par ce déplacement traumatisant. Lors d'un rassemblement qui a lieu sur l'île où l'ancien village se trouvait, « ceux de l'intérieur » accostent alors en canot comme ils le faisaient autrefois après avoir passé tout l'hiver à l'intérieur des terres.

13. Preston R.J., Helm J. (ed.), « East Main Cree », in *Subarctic. Handbook of North American Indians*, Washington, Smithsonian Institution, vol. 6, 1981, p. 198.

Le pays des rivières et des lacs : des voies de pénétration dans la taïga

La taïga n'est pas seulement le pays de la forêt boréale. C'est aussi celui des lacs et des rivières. Si l'on regarde une carte de cette région, on voit de l'eau partout. D'un côté la baie James, de l'autre une terre où des chapelets de lacs sont reliés par des ruisseaux, des rivières et des fleuves. De magnifiques étendues d'eaux dormantes, avec des nénuphars et des castors, des rats musqués, des poissons délicieux. Des rivières si larges qu'on les prend parfois pour des lacs, des eaux vives et des chutes. L'eau, à l'état solide ou liquide, a toujours eu une importance majeure pour les Cris. Lorsqu'on a commencé à barrer leurs rivières pour faire tourner des turbines, ils ont protesté : « Nos rivières sont nos autoroutes », ont-ils affirmé. Et en effet, été comme hiver, c'était en suivant le long tracé de la rivière de la côte à l'intérieur des terres qu'ils passaient de la mer au plus profond de leur territoire.

Pour parler d'été et d'hiver, les Cris disent *niipin*, la saison de l'eau libre, et *pipun*, la saison où lacs et rivières sont gelés (beaucoup plus longue que la précédente). À ces saisons correspondent des modes de déplacement différents, toujours liés à une adaptation aux conditions naturelles fluctuantes. En été, les Cris se déplacent principalement en canot, aujourd'hui à moteur. Ils en construisaient autrefois de magnifiques en écorce de bouleau, longs et légers, aux deux extrémités relevées. Sportifs émérites, ils n'hésitaient pas autrefois à descendre petits et moyens rapides. Quand ceux-ci étaient vraiment impossibles à franchir, il fallait marcher, entre deux lacs ou deux rivières, en portant le canot, les provisions et les enfants en bas âge. Les portages étaient entretenus et connus : on y écrivait même des messages sur des morceaux d'écorce pour les amis ou parents qui passeraient après. Parfois, on y suspendait en automne des provisions que l'on trouverait au printemps suivant sur le chemin du retour.

En hiver, la raquette permet de marcher dans la forêt même quand la neige est profonde et molle. Les Cris traînent derrière eux, sur des toboggans ou traîneaux[14], tout ce qu'il leur faut transporter. Hiver comme été, tous marchaient, parfois sans relâche, jour après jour, même quand la chasse avait été mauvaise et qu'ils n'avaient rien dans le ventre.

Les spartiates du Subarctique

Les Cris sont stoïques, et ils ont développé jusqu'à l'extrême un héroïsme quotidien. Ils ont une capacité phénoménale à parcourir d'énormes distances dans la taïga sans qu'il semble leur en coûter. L'entraînement, une éducation qui vise à pousser son propre corps au bout de ses possibilités permettent l'exploit, qui perd le caractère d'exception qu'il a dans notre culture puisque tous ou presque en sont capables. Encore aujourd'hui, les vieux qui ont passé toute leur vie dans les bois font l'admiration des hommes d'âge mûr qui ont connu l'école et un mode de vie partagé entre le village et le bois. Tant leur endurance que leur rapidité sont commentées par ceux qui les regardent de loin, petit point avançant à toute vitesse sur un lac gelé. Un homme cri de Chisasibi, ayant aujourd'hui la cinquantaine, nous a fait le récit de son retour à la vie de trappeur après de nombreuses années passées à l'école des Blancs. Non sans un certain talent, il fait le portrait du jeune étudiant sportif qu'il était alors, face au vieil homme rabougri, son père :

> Je faisais beaucoup de gymnastique quand j'étais à l'école. Depuis l'âge de treize ans, je pratiquais plusieurs sports, le hockey, un peu de boxe, le lever de poids. Je soulevais sans problèmes 200 livres quand j'avais seize/dix-sept ans. Vingt minutes sur la glace, un court repos : j'étais sur la glace, sur mes patins, trois heures en moyenne par jour pendant l'hiver. Avec la gymnastique et tout le reste, je me tenais tout à fait en bonne forme. Je suis sorti de l'école quand j'avais la vingtaine. Et voilà ce vieil homme de cinquante ans... Mon père n'était pas physiquement en forme. Je pouvais l'attraper et le mettre à terre, pas de problème. Non pas que je l'aie jamais fait... Mais sur sa ligne de trappe, il pouvait marcher. Ce tout petit homme fluet de

14. Qu'au Québec on appelle encore aujourd'hui traînes sauvages, c'est-à-dire traînes des sauvages, comme on appelait les Indiens il n'y a pas si longtemps.

> cinquante ans, qui portait sur son dos une charge de 50 livres. Je portais aussi 50 livres... Il marchait 10 kilomètres, et il m'attendait. Peut-être quatre ou cinq fois, il m'attendait, et ça fait mal, vous savez. Ça fait mal. Pour ramer, c'était pareil. Il fallait que je repose mes bras toutes les cinq minutes, et il m'emportait dans son canot. Il ramait pour moi. C'était à ce point gênant, ce vieillard qui me portait littéralement dans le bush. Je ne plaisante pas. Vous imaginez comme ça fait mal, quand un vieil homme est obligé de vous attendre parce que vous êtes si loin derrière, et qu'il ne dit rien.

Qu'était-il arrivé à ce jeune Indien dans la pleine force de l'âge pour qu'il se montre incapable de simplement suivre son père dans ses déplacements ? Son jeune frère, son « enfant » frère comme il dit, lui révéla un jour avec un large sourire le terrible diagnostic du père : à trop vivre dans les écoles du Sud, il était devenu un *wamistikoshiou*, un « homme blanc ».

Les Blancs dans le pays des Cris

La Nouvelle-France, un démarrage difficile

Les premiers Européens qui pénétrèrent dans ce qui est aujourd'hui le Canada furent les Français. Mais leur entreprise de colonisation s'avéra lente et difficile. Après que Christophe Colomb eut « découvert » l'Amérique, ils prirent quelque retard pour lancer, à l'instar du Portugal, de l'Espagne ou de l'Angleterre, une expédition sur l'Atlantique. Très tôt pourtant, marins bretons et basques fréquentent la région de Terre-Neuve à la recherche de morue. Ce n'est cependant qu'en 1535 que Jacques Cartier, lors de son deuxième voyage d'exploration commandité par le roi François Ier, remonte le fleuve Saint-Laurent. D'emblée, là comme ailleurs en Amérique, les colons ont besoin de l'aide des Indiens pour affronter un milieu naturel totalement inconnu. Alors que des dizaines d'hommes de son expédition sont déjà morts du scorbut, Cartier se résout enfin à demander aux Iroquois quel remède ils utilisent. Généreusement, ils lui dispensent leur savoir. En une semaine, grâce au cèdre blanc, *Thuya occidentalis*, dont il faut piler l'écorce et les feuilles pour en faire une décoction, tous les malades sont de nouveau sur pied. Toute l'histoire à venir de la nouvelle colonie s'inscrit dans cette médiation symbolique : extraire d'un milieu dur mais riche ses ressources naturelles grâce aux savoirs autochtones.

Les Français feront bien des recherches infructueuses avant d'établir un plan de colonisation rentable. En 1542, Cartier rapporte triomphalement au roi de l'or et des diamants du Canada. Las ! ceux-ci se révéleront n'être que de la pyrite de fer et du quartz, d'où l'expression qui fit alors fureur : « faux comme diamants du Canada ». Cet échec, auquel s'ajoutent les rigueurs de l'hiver canadien, retardera pendant plusieurs décennies encore la politique d'installation des Français. C'est seulement en 1608 que Champlain fondera la ville de Québec, sous la forme d'une modeste « habitation ». En 1627, la Nouvelle-France ne compte encore que 100 habitants, si l'on omet les 25 000 Indiens qui habitaient alors la région appelée aujourd'hui le Québec.

Une colonisation à rebours : quand les Français se transforment en Indiens blancs

Pendant les siècles suivants, la colonie eut une ressource essentielle, la traite des fourrures, du castor essentiellement, piégé par les Indiens, avec lesquels il fallait établir une relation durable et sans cesse renouvelée. Et, une fois qu'on en eut trouvé le mode d'exploitation, ces terres nordiques se montrèrent finalement d'une grande richesse. L'originalité des Français fut de voyager à la rencontre des Indiens pour aller chercher la fourrure, au lieu d'attendre comme les Anglais dans des forts que ces derniers viennent livrer à domicile. Ce qui fut un avantage stratégique certain recélait aussi quelques inconvénients du point de vue du contrôle de la colonie. En mettant le pied en Amérique du Nord, nombreux étaient les colons français qui perdaient toute inclination pour l'agriculture et le mariage auxquels on les destinait. Ils se mettaient à « courir les bois » à la recherche des Indiens et de leurs fourrures. On les appelait « voyageurs » et « canotiers » tant qu'ils étaient employés par un marchand ou une compagnie, « coureurs des bois » quand ils devenaient autonomes. Partant au printemps en canot par brigades de huit à douze rameurs, ils remontaient les rivières chargés de biens d'échanges et redescendaient à l'automne chargés de fourrures. Administrateurs et missionnaires se plaignaient des mœurs dissolues des « coureurs des bois », qui épousaient des Indiennes et s'ensauvageaient au lieu de civiliser les « sauvages »[15]. Comme le dit le missionnaire Récollet :

> Les Français les mieux instruits, élevés dans l'école de la foi, deviennent sauvages pour si peu qu'ils vivent avec les sauvages et perdent presque la forme de chrétiens.

L'hémorragie fut telle que le roi, alarmé, multiplia à partir de 1673 ordonnances et règlements défendant à quiconque de « prendre le bois » pour plus de vingt-quatre heures sans permission du gouverneur. Ce que les jeunes Français recherchaient avant tout, dans cette rude vie où il fallait ramer de longues heures, manger peu, supporter le froid, c'était la liberté. Devenir son propre maître dans une vie d'aventures dont les plaisirs faisaient oublier les privations. Et ils trouvaient chez les Indiens des sociétés égalitaires qui, vu leur position subalterne dans la société française, leur offraient un statut social enviable. Loin du seigneur abusant de sa paysannerie, de la dîme et autres impôts, du clergé puissant et moralisateur, ils avaient le sentiment d'être devenus, comme le dit l'un d'eux, des « Césars contre qui personne n'élevait la voix pour nous contredire ».

La terre de Rupert

Lorsque les peaux vinrent à manquer dans la vallée du Saint-Laurent, marchands et auxiliaires durent aller les chercher de plus en plus loin dans l'arrière-pays. À la fin du XVIIe siècle, d'habiles coureurs des bois découvrent le Nord et ses richesses en fourrure.

En 1668, deux beaux-frères, français d'origine, Médard Chouart des Groseilliers et Pierre-Esprit Radisson, ont l'idée de

15. Sagard, cité par Jacquin P., *Les Indiens blancs. Français et Amérindiens en Amérique du Nord (XVIe-XVIIIe siècle)*, Paris, Payot, 1987, p. 74.

court-circuiter les intermédiaires indiens, qui prélevaient un pourcentage, en créant un comptoir là où les peaux abondent, chez les Cris. Ils parviennent à monter très au nord par la voie maritime et établissent Fort-Charles à l'embouchure de la rivière appelée aujourd'hui Rupert. Mal reçus à leur retour par les autorités françaises, les deux aventuriers font affaire avec les Anglais. Se mettant au service d'un protecteur puissant, le prince Rupert, cousin du roi Charles II, ils fondent alors à Londres la Compagnie des aventuriers d'Angleterre, qui deviendra plus tard la très puissante Compagnie de la baie d'Hudson. Celle-ci reçoit par charte royale le monopole de la traite sur un territoire immense, qui couvre tout le bassin hydrographique de la baie d'Hudson et sera nommé terre de Rupert en l'honneur du prince. Pendant quelques siècles, Cris et Esquimaux ajoutent à leurs activités de chasseurs celles de trappeurs et troquent leurs peaux contre des biens, certains utiles, d'autres néfastes, comme l'eau-de-vie[16].

Les Indiens Cris, en échange de peaux de castor et de martre principalement, reçoivent armes, draps, objets de métal. Au cours des siècles suivants, les Occidentaux multiplient les postes de traite pour ramasser la manne, qu'ils se disputent parfois âprement entre marchands concurrents. Compagnie de la baie d'Hudson, traiteurs indépendants, Compagnie du Nord-Ouest, et même au début de ce siècle une compagnie française, Révillon Frères, s'affrontent sur le terrain. Des missionnaires anglicans ou catholiques s'appliquent également à accomplir leur mission : convertir les « sauvages ». L'occupation du pays reste pourtant très légère, confinée aux postes qui, comme toute entreprise capitaliste, n'emploient que le personnel strictement nécessaire. Une ou deux fois par an, le plus souvent l'été, les Cris s'y rendent pour rembourser leur dette en fourrure, car le système en vigueur consiste à avancer aux chasseurs ce dont ils ont besoin avant la saison hivernale de piégeage.

16. Un excellent atlas (R. Cole Harris [dir.], *Atlas historique du Canada*, t. 1. *Des origines à 1800*, Les Presses de l'université de Montréal, 1987) permet de visualiser l'histoire des premiers contacts, du moins ce qu'on en connaît, car nous restons tributaires de récits d'agents de la colonisation : missionnaires, administrateurs, compagnies de traite des fourrures sont quelque peu juges et témoins.

Dès qu'ils ont fait provision de farine, d'un peu de sucre, de thé et surtout de munitions, ils repartent loin de tout contact avec les Euro-Canadiens, dans les bois.

Des rivières de la traite des fourrures aux rivières électriques

À la faveur de la Seconde Guerre mondiale, le Canada et les États-Unis réalisent qu'ils possèdent, tout au nord, d'immenses territoires. Pendant la longue période de la guerre froide, ces terres du nord acquièrent soudain une grande valeur stratégique. Des bases militaires, des lignes de surveillance radar y sont alors installées. Les années 60 sont dans tout l'Arctique et le Subarctique canadien celles du changement, de la sédentarisation des peuples autochtones semi-nomades. Apparaissent alors aides et services de l'État, plus ou moins imposés, comme la scolarisation des enfants. Les jeunes Cris se voient contraints de partir « en internat », dans des pensionnats religieux où il leur est interdit de parler leur langue. Aujourd'hui, de nombreux témoignages font état des sévices corporels et sexuels que les jeunes Indiens ont subis dans ces « écoles résidentielles ». Éloignés de leurs parents qu'ils ne revoyaient qu'une fois par an, livrés à des adultes qui cherchaient à éradiquer leur indianité pour en faire de bons chrétiens, toute une génération a gardé des séquelles de cette enfance traumatisée.

Ce sont surtout les années 70 qui vont amener une pénétration massive et rapide de l'État dans la région de la baie James. Les Blancs, qui jusque-là s'étaient contentés d'extraire des fourrures et quelques minerais de ces contrées lointaines, découvrent alors une nouvelle richesse : la houille blanche. Après le charbon et le pétrole, elle devient une source d'énergie très convoitée. Les rivières du pays des Cris vont alors être harnachées, comme on dit au Québec. Belle métaphore, car il s'agit bien de les mettre au travail. Barrages, réservoirs et autres digues, tels les harnachements qui permettent le dressage des chevaux de selle ou de trait, vont faire d'une rivière libre une force au service de l'homme.

Mais les rivières enchaînées ne coulent plus dans leur lit, elles débordent, elles s'étalent. Pour produire beaucoup d'électricité, assez pour le Québec, pour des alumineries énergivores et pour les climatiseurs de la ville de New York, il faut bloquer la plus belle d'entre elles, celle qui porte bien son nom, la rivière La Grande. Il faut aussi détourner la rivière Caniapiscau, les lacs environnants, déverser toutes ces eaux dans d'immenses lacs artificiels. Ces réservoirs inondent les terres alentour et sont accompagnés de tout un ensemble de digues, routes d'accès, de toute une infrastructure qui met le pays sens dessus dessous. À l'inverse de la nature, on retient les eaux au printemps et en été pour les faire couler en plein hiver, quand il fait froid et sombre et que l'on a besoin d'électricité. Pour transporter hommes et marchandises vers les chantiers et les villes-dortoirs qui sont leur corollaire, les rivières ne suffisent plus. Qu'à cela ne tienne, une route de 740 kilomètres sera construite. En prolongeant celle qui reliait Montréal à Matagami (jusque-là ville la plus nordique du Québec), elle mène jusqu'au village cri de Chisasibi. Il faut encore transporter l'électricité que l'on produit dans le nord là où on la consomme, dans le sud. Toute la taïga est parcourue de lignes à haute tension, sur des milliers de kilomètres. Les mégalopoles tirent littéralement leur énergie du nord. Il ne s'agit pas d'une métaphore. Les pylônes ressemblent à des tours Eiffel, des milliers de tours Eiffel en ligne, à l'infini, qui narguent la taïga et ses habitants. Difficile aujourd'hui de rêver à communier seul à seul avec la nature. Le paysage recréé impose une certaine représentation du monde, où l'économie, l'énergie, la productivité, dominent de toutes parts.

En bref, il faut submerger la terre, capter les eaux pour qu'elles produisent de l'électricité, détourner ce territoire de son économie initiale, qui consistait à produire des poissons, des caribous et des castors pour nourrir les Indiens. Et puisque les chasseurs ne servent plus à rien dans ce projet, ils gênent autant qu'on les gêne. C'est leur pays tout entier que l'on veut cette fois-ci.

Le nord du Québec, la dernière « frontière » ?

La *frontier*, concept inventé en 1893 par Frederick Jackson Turner, historien, a depuis pris la force d'un mythe national aux États-Unis. Cette vision de l'histoire américaine place au centre de sa singularité la conquête de l'Ouest, les valeurs spécifiquement

Un des barrages du complexe hydroélectrique La Grande, *le plus proche de la communauté crie de Chisasibi, surnommé* LG1.

américaines qui se sont développées lors de cet épisode glorieux et les hommes qui incarnent ces valeurs, en particulier les pionniers. La frontière est cette zone mouvante de contact entre la « civilisation », les colons américains, et les zones non encore conquises, où errent les bandes d'Indiens insoumis[17]. Le nord du Québec n'est-il pas aujourd'hui, comme le fut l'Ouest américain, un espace imaginaire dont la colonisation est en cours, une frontière qui génère les mêmes rêves de lutte grandiose, de regénérescence d'une nation qui relève le défi que lui lance la nature sauvage ?

Avant même d'être Premier ministre, René Lévesque, alors ministre de l'Environnement, bientôt chef du mouvement indépendantiste au Québec, s'intéresse aux rivières en tant que moyen de construire l'avenir industriel de son pays. Il nationalise les compagnies privées d'électricité, possédées jusqu'alors par les industriels anglophones, et crée Hydro-Québec, la première grande entreprise commerciale des Québécois. Cette compagnie symbolise dès lors la fierté retrouvée des Français canadiens si longtemps opprimés par les « Anglos », leur volonté de construire une industrie moderne qui leur appartienne en propre. Au Québec, les barrages font rêver d'un avenir indépendant. On les chante même ! Une chanson de l'époque, « La Manic », célèbre le grand barrage de la Manicouagan, dans le nord-est du Québec.

Pourtant, dans les années 60, l'idée de développer un projet hydroélectrique à la baie James avait été abandonnée par la compagnie Hydro-Québec, qui préconisait plutôt la construction d'une ou plusieurs centrales, nucléaires ou thermiques. Mais, un an après son élection, le 29 avril 1971, le Premier ministre du Québec, Robert Bourassa, annonce en grande pompe devant 5 000 membres du Parti libéral québécois « le projet du siècle ». Il faut dire que son attitude timorée avait été très critiquée lors de la période dramatique qui se solda par l'assassinat du ministre Pierre Laporte par le

17. Les westerns et les romans que nous avons tous vus et lus immortalisent une société de héros : guerriers, aventuriers, coureurs des bois. Aujourd'hui, aux États-Unis, émerge une « nouvelle histoire » qui s'efforce d'analyser plus sereinement les représentations que les Américains ont de leur propre destin. Une exposition de la très sérieuse Smithsonian visant à réinterpréter les images de la frontière a eu lieu en 1991. On lira avec profit à ce sujet un article de William Robbins dans un numéro d'Autrement consacré au mythe de l'Ouest (Jacquin et Royot, 1993).

Front de libération du Québec. Le gouvernement fédéral, face au terrorisme, avait alors imposé la loi martiale et humilié le Québec tout entier : arrestations en masse, gardes à vue prolongées de tous ceux qui étaient soupçonnés de sympathies nationalistes. C'était le moment ou jamais pour le Premier ministre du Québec de se remémorer ses promesses électorales : la création de 100 000 emplois ! L'annonce d'un mégaprojet hydroélectrique, qui pourrait enfin sortir la nation québécoise du marasme politique et économique, allait faire vibrer la corde sensible de son électorat et redorer son blason. Le Premier ministre déclarait alors avec emphase :

> Il ne sera pas dit que nous vivrons pauvrement sur une terre aussi riche. [...] La mise en valeur des richesses de la baie James dépasse en envergure tout autre projet dans l'histoire du Québec. La baie James est [...] la clé de la stabilité politique du Québec, la clé de l'avenir du Québec.

Plus de vingt ans après, un livre, qui a obtenu le prix littéraire du gouverneur général et qui bénéficie donc d'une certaine crédibilité officielle, parle toujours de la baie James comme d'un front pionnier, une frontière au sens américain du terme, évoquant même le caractère quasi guerrier de la conquête de ce territoire :

> Et, de même que certaines nations ont forgé leur cohésion et leur identité collective dans le feu de la guerre, les descendants de la Nouvelle-France vaincue retrouveraient confiance en eux à travers ces grands travaux qui requéraient presque la même discipline qu'une campagne militaire[18].

En effet, ceux qu'on appelait alors les Canadiens français, et qui se nomment eux-mêmes aujourd'hui les Québécois, n'ont jamais accepté, depuis la défaite des Français devant les Anglais, leur domination linguistique, culturelle, économique au sein de l'État canadien. Le projet de développement de la baie James permet au Québec de prendre possession de fait d'un immense territoire, qui lui appartenait sur le papier depuis la loi d'extension des frontières de 1917, quand la province prit la succession de la Compagnie de la baie d'Hudson en recevant une partie de l'immense terre de

18. Turgeon P., *La Radissonie. Le pays de la baie James*, Libre Expression, 1992, p. 118.

Rupert, peuplée d'Inuit et d'Indiens Cris. La question qui affleure donc derrière ce projet de développement est celle de l'émergence de la nation québécoise. Si on n'arrive pas, au Québec, à résoudre la question de l'indépendance au niveau politique, peut-être pourra-t-on en revanche atteindre l'autonomie et la souveraineté par le développement économique.

Les racines amères du néocolonialisme québécois se nourrissent du désir de revanche d'une ancienne colonie qui rêve d'accéder enfin au statut de métropole. Une chaîne sans fin où, comme le montrait Albert Memmi[19], le colonisé rêve de compenser son statut inférieur en dominant un groupe encore plus bas que lui dans l'échelle sociale.

> Ce Nord excentrique et désert, dont les fourrures avaient presque pesé leur poids d'or dans les coffres de la Nouvelle-France et de l'Angleterre, pouvait donc rapporter une nouvelle manne qui, cette fois, servirait à enrichir directement le Québec plutôt que des puissances coloniales[20].

Une autre idée apparaît dans cette définition du Nord, qui reprend un thème cher à Bourassa et à bien d'autres, thème classique des colonisateurs de tout poil, celui du pays lointain et, surtout, désert : une terre vierge et sauvage, un immense territoire seulement parcouru par quelques milliers d'autochtones. C'est la définition d'un territoire de développement où gisent des richesses qu'il est inconcevable de laisser plus longtemps inexploitées.

Les gigantesques barrages qui vont alors être construits, merveilles de technologie, sont perçus comme des monuments emblématiques de la fierté nationale. On parle à leur sujet des pyramides des Égyptiens, des cathédrales des Français, monuments certes fameux dans le monde entier, mais qui ne sont pas tout à fait du domaine des Ponts et Chaussées, encore moins du profane. C'est bien là ce que ces analogies tentent de suggérer. Les barrages, ces pyramides québécoises, sont, dans les représentations collectives, de l'ordre du religieux :

---

19. Memmi A., *Portrait du colonisé précédé de portrait du colonisateur*, Paris, Gallimard, 1985.
20. Turgeon, *op. cit.*, p. 117.

> Bien sûr, les travaux des Québécois n'avaient rien de religieux, ils s'inspiraient de raisons prosaïques du développement économique, mais ils ont exprimé malgré tout une certaine foi, celle qui permet de déplacer les montagnes[21].

Non contents de se référer à un modèle catholique bien ancré dans l'inconscient collectif québécois, l'auteur appelle à la rescousse les héros de la Grèce antique. De même que « le titan Prométhée avait dérobé le feu aux dieux pour en faire cadeau aux hommes » qui purent dès lors se chauffer, cuire leur viande, forger armes et outils, les Québécois d'aujourd'hui déroberaient leurs eaux au territoire de la baie James. Si la comparaison confère à cette appropriation une légitimité inespérée, l'auteur ne la mène pas à son terme. Frappé d'amnésie, il oublie le terrible châtiment infligé par Zeus à Prométhée, enchaîné pour l'éternité en haut du mont Caucase où un aigle lui dévore le foie !

Les Cris après les premiers contacts

La traite des fourrures : partenariat ou domination des sociétés indigènes ?

Pour résumer ces quatre siècles de colonisation, on parle souvent de partenariat. Pendant les premiers siècles, une colonisation à rebours se produit, relation originale où le « colon » est séduit par l'indigène. Les relations entre les Français et les Indiens sont déterminées par la supériorité technique des autochtones. Les Français qui tentent de vivre dans le pays des Indiens ne peuvent que les imiter ou, mieux, les épouser pour bénéficier de toute l'efficacité technique de leur conjointe.

Tous les moyens de transport et de déplacement utilisés pour la traite sont indiens : canots d'écorce, raquettes, traîneaux. Le vêtement, qui permet de s'adapter au froid et à la neige, l'alimentation, en particulier les techniques de conservation de la viande,

21. Turgeon, *op. cit.*, p. 114.

comme le pemmican[22], tous indiens, sont également adoptés par les nouveaux arrivants. Les fourrures surtout, richesses de cette nouvelle colonie, proviennent des animaux piégés par les Indiens. Les colons européens, qui développent vis-à-vis des Indiens un partenariat de type parasitaire, n'occupent pas à proprement parler le territoire du Nord avant la seconde moitié du XXe siècle. Seuls quelques forts militaires et quelques postes de traite sont éparpillés sur un immense territoire. Dans ces minuscules domaines règne une hiérarchie qui place les indigènes au bas de l'échelle. Mais il s'agit de microcosmes qui reproduisent pour quelques militaires ou commerçants isolés la société lointaine d'origine, sans réelle influence au-delà de leurs enceintes. Eux-mêmes d'ailleurs sont dépendants des Indiens, qu'ils utilisent comme guides ou chasseurs.

Est-ce à dire, comme l'affirmait Speck dans les années 30, que les Indiens Cris, ainsi que leurs voisins naskapis et montagnais, auraient conservé un mode de vie et d'occupation du territoire inchangé et « primitif » malgré la présence des traiteurs sur leur terre ? Pour une part seulement, et ce fut là l'objet d'une controverse majeure de l'anthropologie nord-américaine entre les anthropologues Speck et Eleanore Leacock.

Speck (1935), qui a étudié les Algonquins du Nord, dont les Cris font partie, a mis l'accent sur l'importance du lien entre les activités de chasse et les pratiques symboliques, ainsi que sur leur permanence. Il a également affirmé que le système familial des territoires de chasse, tel qu'il l'observait en son temps, existait bien avant la période de contact avec les Euro-Canadiens. En effet, l'ensemble du territoire de chaque bande de chasseurs (qui comprend entre cinquante et deux cents personnes) est divisé en territoires familiaux, occupés par quelques familles apparentées et gérés par des maîtres de territoires. En opposition avec la vision atemporelle de Speck, qui décrit les chasseurs et leur système de

22. Le pemmican fut en effet un des éléments clés de la réussite des compagnies de traite des fourrures. Une livre de pemmican consistait en six livres de viande que l'on avait fait sécher, auxquelles on avait ajouté une demi-livre de gras. Un sac faisait à peu près la taille d'un oreiller et pesait 90 livres. Les équipes de « voyageurs » en canots, qui remontaient les fleuves pour aller chercher la fourrure chez les Indiens, dépendaient de cette nourriture déshydratée, qui possédait des qualités de conservation hors du commun : on parle de paquets enveloppés dans des peaux qui étaient encore en parfait état de conservation plus de vingt ans plus tard !

croyances comme si aucun changement n'avait perturbé ces sociétés depuis l'arrivée des Européens, Eleanore Leacock[23] réintroduit l'histoire. Elle considère que les compagnies de traite basées en Europe, en particulier la Compagnie de la baie d'Hudson, dès qu'elles proposent aux chasseurs d'échanger leurs fourrures contre des biens manufacturés, transforment leurs pratiques et leur mode de production. Les biens venus d'ailleurs deviennent vite une nécessité. Le piégeage du castor, qui permet de les obtenir au comptoir de traite installé à proximité des territoires de chasse, prend de plus en plus d'importance. Selon Leacock, la disponibilité d'autres sources de nourriture que les produits de la chasse et de la pêche, en particulier la farine et le saindoux[24], entraîne une transformation des liens de solidarité. Au lieu de dépendre du partage entre chasseurs, la famille individuelle devient autosuffisante. En même temps que les liens de coopération entre les groupes familiaux se défont, le renforcement de la dépendance à l'égard du comptoir s'intensifie : la compétition entre chasseurs succéderait alors à la coopération. Une organisation fondée sur la chasse et l'autarcie serait progressivement remplacée par une organisation fondée sur la production de biens de fourrures pour le commerce. Leacock parle d'un conflit entre *la chasse pour la subsistance*, fondée sur la coopération entre plusieurs groupes familiaux associés à un régime de droits communs aux ressources, et *le piégeage pour le commerce*, qui demande une production solitaire, le trappeur seul ou sa famille. Ce serait là l'origine des territoires familiaux tels que nous les observons aujourd'hui. Si nous en croyons cette dernière analyse marxiste, nous aurions donc assisté, chez les chasseurs algonquins, à une transformation radicale de leur société malgré leur relatif isolement. Un mode de production de type capitaliste, fondé sur la valeur d'échange, aurait remplacé un mode de production

23. Leacock E., *The Montagnais' « Hunting Territory » and the Fur Trade*, American Anthropological Association, Memoir 78, 56 (5), 2, 1954.
24. D'après tous les témoignages recueillis aujourd'hui chez les Cris, l'alimentation est pourtant toujours restée essentiellement fondée sur le produit de la chasse et de la pêche. Farine et saindoux étaient un luxe qui ne durait que quelques semaines après la visite au poste. Pour les groupes familiaux engagés tout au long de l'année dans la production de leur propre nourriture, l'échange et le don étaient une nécessité pratique et symbolique.

domestique fondé sur la subsistance ou valeur d'usage[25]. Le modèle anthropologique, celui de l'acculturation, en vigueur au moment où Leacock écrivait, évoque la rencontre entre sociétés « autres » et occidentales de façon très schématique : inexorablement contaminée, la culture des sociétés traditionnelles est vouée à la disparition.

À ce point de la discussion, il me semble utile de regarder un groupe de chasseurs cris aujourd'hui pour vérifier, trente ans plus tard, si l'évolution de cette société a suivi ou non le cours prévu par Leacock. L'ère de la traite est aujourd'hui révolue. Les pelleteries ont perdu beaucoup de valeur et les revenus issus du piégeage sont marginaux. L'État providence procure des revenus monétaires aux Cris sous forme d'emplois, d'allocations chômage, d'allocations familiales et de pensions vieillesse. Ces derniers continuent pourtant à chasser, à pêcher et à se nourrir pour une part importante des produits de ces activités. Les échanges de nourriture persistent et sont extrêmement valorisés ; certaines cérémonies qui avaient pratiquement disparu sont redécouvertes. Les repas communautaires où l'on offre des animaux cris aux invités sont fréquents. La compétition entre individus existe, pour le meilleur emploi professionnel par exemple, mais elle n'empêche nullement la coopération. Une partie des techniques de production s'est transformée, mais les chasseurs, qui continuent à vivre dans le même milieu naturel, utilisent toujours savoirs et savoir-faire traditionnels.

Les chasseurs algonquins du Nord n'ont apparemment suivi aucun des modèles que leur proposaient les anthropologues. Ils ne sont pas restés des « chasseurs sauvages[26] » et ne sont pas devenus non plus des capitalistes patentés. Leur destin est plus complexe.

25. Pourtant, les données de Tanner recueillies dans les années 70 chez les Cris de Mistassini, groupe engagé depuis plusieurs siècles dans la traite des fourrures, contredisent cette assertion et montrent la persistance du mode de production domestique. 75 % de la nourriture consommée durant dix mois de l'année provient des activités de chasse et de pêche, le reste, 25 % seulement, étant acheté au comptoir. En outre, les Cris produisaient leur bois de chauffage, ainsi qu'une partie de leurs outils et de leurs vêtements.
26. Selon l'expression de Frank Speck, qui a sous-titré son livre sur les Naskapis « The Savage Hunters of the Labrador Peninsula ».

Les Cris, entre tradition et modernité

Nous allons maintenant évoquer une société crie contemporaine, la nation de Chisasibi, que j'ai eu la chance de rencontrer à plusieurs reprises dans les années 90. Aujourd'hui, les autochtones canadiens ne se contentent plus en effet d'être des ethnies ou, pire, des minorités. Ils revendiquent le titre de nations et s'autodésignent comme « les premières nations », mettant ainsi en évidence l'antériorité à la fois de leur peuplement et de leur organisation politique par rapport aux peuples venus d'Europe. Le nom du village moderne de Chisasibi est fondé sur l'ancien nom cri de cette bande, *cise'-si'pi'wiyiyu*, ce qui signifie « personne, ou Cri, de la grande rivière »[27], car c'est autour de cette rivière que s'organisaient leurs activités de chasse et de pêche. Il s'agit de la plus grande bande de chasseurs des Cris de l'Est (684 personnes en 1949, environ 3 000 aujourd'hui), et de l'une des plus nordiques. On y parle le dialecte cri de l'Est, rattaché à la langue crie-montagnaise-naskapie, qui fait elle-même partie de la famille algonquine. Dès 1803, un poste de traite de la Compagnie de la baie d'Hudson a été érigé sur l'île de Fort-George, dans l'embouchure de la rivière La Grande. Entre 1921 et 1965, un autre poste, où traitaient les Cris de l'intérieur, était en service à Kanaaupscow. Ce rattachement à deux postes différents accentua la séparation des Cris de cette bande en deux groupes : les côtiers et ceux de l'intérieur. Encore aujourd'hui, alors qu'ils sont tous sédentarisés dans le même village, la distinction persiste.

Bien que le peuplement cri de la région soit très ancien, le village de Chisasibi est un village moderne, entièrement construit dans les années 80. Il bénéficie d'un centre commercial, qui abrite un hôtel, des bureaux (dont ceux du conseil de bande), une cafétéria et deux supermarchés. L'un d'eux n'est autre que l'ancien magasin de la Compagnie de la baie d'Hudson, une chaîne passée récemment entre les mains de nouveaux propriétaires, qui se sont aussitôt empressés de rebaptiser tous les magasins La Baie, devenus des Northern, « nordique ». Dans le village, on trouve également une école

27. Speck, cité et réorthographié par Preston, *op. cit.*, p. 205.

et un hôpital neufs, le siège de plusieurs compagnies locales et une patinoire où se disputent des matchs de hockey. Enfin, les groupes de maisons sont chacun réunis en cercle, et l'ensemble de ces pâtés de maisons circulaires est entouré, sur le modèle des banlieues américaines, d'une route qui fait le tour du village.

C'est le complexe hydroélectrique de la baie James qui a valu aux habitants de Chisasibi un village flambant neuf. En effet, les concepteurs du barrage craignaient que l'érosion naturelle subie par l'île de Fort-George, sur laquelle l'ancien village se trouvait, ne soit considérablement accrue. Ils redoutaient que des pans de plus en plus grands de l'île ne soient emportés par la force des courants. Il faut dire aussi qu'Hydro-Québec, le promoteur, tenait à construire un barrage sur l'emplacement même des premières chutes de la rivière, lieu de pêche et de réunion que les Cris avaient tout d'abord refusé de lui concéder[28]. À proximité de l'ancien village de Fort-George, situé dans l'embouchure de la rivière, ce site de pêche était très productif et représentait une ressource de première importance pour la communauté, surtout en été. En toute dernière négociation, la Compagnie proposa un village avec toutes les facilités modernes, sur la terre ferme, en échange du droit d'ériger la centrale La Grande 1 à l'emplacement des premières chutes. C'est ainsi que naquit Chisasibi, en remplacement du vieux village de Fort-George. Le déménagement de l'un à l'autre fut extrêmement rapide et traumatisant. Églises, maisons et tout ce qui pouvait l'être furent déplacés sur une barge, le reste abandonné. Une fois tous les services installés, la population dut suivre, pour certains sans même avoir le temps de réaliser ce qui se passait.

Dans les années 60 et 70, les politiciens, et même dans une certaine mesure les anthropologues et les Cris, croyaient à l'inexorabilité du « progrès », à la transformation des cultures traditionnelles. Aujourd'hui, certains parmi les Cris se demandent si la violence du choc dont ils ont souffert n'a pas eu au moins un effet salutaire. Au lieu de continuer à subir ce mouvement insidieux et

28. Roué M., Nakashima D., « Pour qui préserver la biodiversité ? À propos du complexe hydroélectrique La Grande et des Indiens Cris de la baie James », in *JATBA*, n° 36, 1994, p. 211-235.

Pow wow *sur l'île de Fort-George : un danseur invité exécute une figure inspirée par la parade nuptiale du dindon.*

lent de transformation de leur société, ils ont été violemment assaillis de front et ont pris conscience de ce qu'ils étaient en train de perdre. Il a fallu le déplacement soudain de leur village, le bouleversement de leur milieu naturel, la perte de nombreux territoires de chasse, les tombes de leurs ancêtres noyées sous les eaux, pour que tous comprennent l'urgence de la résistance. Vingt ans après la construction d'un immense complexe hydroélectrique sur leurs terres, « ceux de la grande rivière » font le chemin inverse. Ils sont à la recherche d'eux-mêmes. Vieux et jeunes, ensemble ou séparément, partagent une intense quête spirituelle qui les mène de la chasse à la danse, des esprits des animaux aux tambours des ancêtres. Les voies qu'ils suivent ne sont pas identiques. Certains, les plus jeunes surtout, sillonnent le Canada et même l'Amérique sur la route des *pow wow*, réunions de danses et de chants sacrés en provenance des Indiens des Plaines. D'autres préfèrent rester chez eux et se ressourcer « dans le bois » en apprenant les pratiques traditionnelles : chasse, pêche, trappe des animaux à fourrure. Mais ce que tous ont en commun, c'est cette quête, ce désir de reconstruction de soi et de sa culture. Pour ce faire, ils cherchent des maîtres qui les guident : ancien de leur groupe qui a connu un autre mode de vie et un autre système de valeurs, maître de danse, de chant et de tambour, voire guérisseur traditionnel, parfois originaire des tribus des Plaines. Aujourd'hui, il arrive même que l'on érige à nouveau la tente à suerie[29], comme on le faisait il y a très longtemps, avant que les missionnaires ne l'interdisent. Les vieux, qui ont connu un moment d'éclipse, sont à nouveau fêtés, admirés, suivis par les jeunes.

Que cette évocation du retour du refoulé ne vous fasse pas supposer pourtant que je m'en vais vous décrire une bande d'Indiens traditionalistes, se vêtant de leurs mocassins de daim et

29. Connue en anglais sous le nom de *sweat lodge* ou *steam tent*, c'est une tente cérémonielle, dans laquelle on place des roches chauffées à blanc, sur lesquelles on verse de l'eau, comme dans un sauna. Pour celui qui s'y tient, il ne s'agit pas seulement de se laver ou de drainer son corps de ses impuretés mais aussi de s'adresser aux esprits pour se préparer à la chasse. Frank Speck rapporte un mythe qui justifie le recours à la tente à suerie pour la chasse à l'ours brun (Speck, 1977, p. 98). Le héros de ce mythe, que l'ours veut manger, lui propose de l'accompagner dans la tente à suerie, où ce dernier succombe à la chaleur. Le chasseur qui a failli être dévoré par l'ours peut alors le cuire et le manger.

rejetant en vrac fusils, eau courante et téléphones. Non, bien au contraire... Qu'ils l'aient choisie ou non, les Indiens Cris assument leur modernité et se sont lancés, avec toute leur énergie et leur soif d'apprendre, à la conquête des nouvelles technologies. Ils conduisent des camions, des motoneiges, et peuvent passer des heures à discuter passionnément du dernier modèle qu'ils possèdent ou qu'ils projettent d'acheter. L'avion est un moyen de locomotion très courant, notamment pour ceux d'entre eux qui assument des fonctions officielles. Ils vivent dans des maisons modernes, possèdent télévisions et magnétoscopes, et même les dernières nées des consoles de jeux vidéo. Ils travaillent au bureau avec télécopieuses, courrier électronique et ordinateurs portables. Je m'en voudrais de continuer à décrire par le menu tous les attributs de notre vie occidentale que les Cris possèdent, apprécient et dont ils usent et abusent comme nous. Il y faudrait le talent d'un Perec réécrivant *Les Choses* dans les années 90[30].

Indiens à plumes ou Indiens modernes ?

Rien n'agace plus les autochtones que l'amalgame pratiqué par nombre d'Euro-Canadiens considérant que, si les autochtones ont en commun avec eux une certaine culture matérielle, ils ont alors acquis l'identité et la philosophie occidentales. Modernes, ils ne seraient plus de « vrais Indiens ». Ce mauvais procès que leur font par exemple chasseurs et pêcheurs sportifs canadiens est loin d'être innocent. L'argumentation développée par ces derniers est à peu près la suivante : les Indiens ont au Canada des droits[31] ou des « privilèges », comme disent leurs détracteurs, liés à leur statut, visant à préserver leur culture traditionnelle de chasse et de pêche. Mais s'ils perdent leur culture, c'est-à-dire leur arc et leurs flèches, ce qui faisait leur spécificité et la raison d'être de la protection de

30. Pérec G., *Les Choses. Une histoire des années 60*, Paris, Julliard, 1965.
31. Les autochtones ont le droit de chasser, tant que la ressource n'est pas menacée, sans avoir à se soumettre, comme les autres citoyens, aux permis de chasse et de pêche, qui limitent la période et le nombre d'animaux autorisés.

leur culture, pourquoi ne leur enlève-t-on pas ces droits spéciaux ? Autrement dit, s'ils sont comme nous, alors qu'ils fassent comme nous, qu'ils paient leurs permis de chasse, qu'ils suivent les réglementations. À vrai dire, les chasseurs et pêcheurs ne sont pas les seuls à tenir ce discours au Canada et, qui plus est, ils ne l'ont pas inventé. C'est Pierre Trudeau, alors Premier ministre, qui le premier, en 1969, a publié un livre blanc dans lequel il tentait de redéfinir la relation de l'État avec les Indiens et les Esquimaux. Il proposait tout simplement d'abolir le passé, les anciens traités qui concédaient des droits aux autochtones, sous le prétexte de leur faire bénéficier des acquis de la démocratie moderne - l'égalité pour tous.

Depuis, on a essayé d'enfermer les Indiens dans ce dilemme : soit se moderniser et admettre qu'ils ne sont que des citoyens comme les autres, soit se faire les muséographes de leur propre culture et rentrer dans le folklore. Mais, me direz-vous, point n'est besoin d'être indien pour affronter ce « double bind[32] », cette injonction perverse à être soi-même tout à fait, et tout à fait comme avant, ou plus du tout. Bien des communes françaises, des corps de métiers, n'ont eu d'autre choix que de se faire labelliser, se folklorisant eux-mêmes. Ensuite, il leur a fallu, vaille que vaille, se débrouiller pour prouver à ceux-là mêmes à qui ils servaient de racines et de garants d'identité que rien ne changeait, que culture et tradition persistaient à travers les siècles et les millénaires. Mise en scène de soi-même et invention de la tradition sont les deux mamelles de nos sociétés postmodernes. Les citadins ont besoin, pour accepter des changements parfois traumatisants, d'îlots de conservatisme, remparts à leur angoisse identitaire.

Pas plus que les paysans européens les autochtones canadiens n'ont envie d'accepter ce rôle. Comme me l'a un jour déclaré un jeune politicien, « nous ne prendrons pas conseil aujourd'hui, pour

32. Je me réfère ici à la notion de double contrainte élaborée par Bateson et qui fut centrale dans les travaux de l'école de Palo Alto entre 1953 et 1962. Ce concept, à l'origine de la thérapie familiale, explique la maladie mentale, en particulier la schizophrénie, comme un trouble de la communication. L'injonction conflictuelle de la mère, qui par exemple réprimande son enfant tout en lui faisant comprendre qu'elle est gentille, engendre chez l'enfant des troubles de la personnalité. Les injonctions des sociétés à l'égard de leurs ruraux ou « primitifs » sont du même ordre : soyez vous-mêmes, sans changer ou, puisque vous changez, acceptez de perdre votre identité spécifique.

définir notre propre identité, auprès de ceux qui, il y a dix ou vingt ans, nous enjoignaient de cesser d'être des sauvages et ne nous trouvent plus maintenant assez authentiques à leur goût ». Les Cris modernes sont donc secrétaire, directrice d'école, homme d'affaires, camionneur, et chasseur, pêcheur, trappeur - quelquefois en même temps, quelquefois tour à tour, pour les vacances, la fin de semaine ou quelques années. Ils font sans cesse l'aller-retour de l'espace, symbolique et réel, du village à celui du *bush*. Et justement, cela tombe bien, car ils ont des camions et des motoneiges, outils de locomotion et de transgression.

Des « vacances d'oies » pour les travailleurs et les écoliers

Les institutions modernes qui fonctionnent en milieu cri sont obligées de s'adapter aux spécificités culturelles. Un des exemples les plus remarquables de cette adaptation, c'est le *goose break*, les « vacances d'oies », que tous les bureaux, administrations, et même l'école, respectent. Pendant une semaine ou deux, à l'automne et au printemps, quand les oies arrivent, les bureaux ferment et tous les membres du personnel partent pour leurs camps de chasse respectifs. Rien ne les retiendrait en ville. Il est donc plus sage de reconnaître officiellement le rôle prépondérant des oies dans les affaires publiques. Chisasibi prend alors des allures de ville fantôme, abandonnée de tous. Seuls ceux qui sont vraiment grabataires, cloués sur un lit d'hôpital, y séjournent encore. Pour l'école, c'est encore plus radical : on libère les enfants dès le printemps pour qu'ils puissent se rendre aux camps de chasse et y suivre leur apprentissage. Les cours reprennent très tôt, dès la fin du mois de juillet. En effet, depuis quelques années, le calendrier scolaire a été remodelé sur l'année cynégétique, ce qui est très positif.

Dans les camps de printemps - il en est de même en hiver -, on mène une vie très différente de celle du village régie par l'horaire des bureaux, de l'école et des magasins. On vit sous la tente ou dans l'unique pièce d'une cabane en bois, et la journée est remplie d'activités variées. Des femmes érigent ensemble une tente. Assises autour du feu, avec les enfants qui entrent et qui sortent, elles plument les oies, travaillent une peau en faisant tourner sur une ficelle les oies à rôtir. Traditionnellement, la femme est la seule à couper du bois : ce n'est pas un travail d'homme. Pendant qu'il va vérifier ses trappes ou chasser, la femme entretient son foyer. À Chisasibi, une aïeule respectée à qui les jeunes rendent parfois visite pour lui demander conseil réclame toujours qu'on l'emmène au camp, mais surtout qu'on lui laisse couper du bois. Comme elle est toute menue, ses petits-enfants craignent qu'elle ne se blesse. On lui donne quand même une petite hache et un petit morceau de bois, qu'elle fend avec ravissement. Aujourd'hui, les choses changent pourtant. Beaucoup d'hommes pensent que les machines, surtout si leur maniement peut être dangereux, sont leur affaire. Quand on débite le bois à la scie tronçonneuse, tout à coup, cette activité passe dans la sphère des responsabilités masculines !

Dans un camp, il y a toujours plusieurs tentes ou maisonnettes, occupées par des familles apparentées. C'est un moment de bonheur pour tous, d'intense activité sociale. La maison est pleine, puis se vide en un instant : les uns entrent, d'autres sortent, les enfants sautent sur le pas de la porte, là où l'on peut être à la fois dedans et dehors, ne rien manquer. Les bébés aussi sont là, que l'on berce dans des hamacs suspendus par des cordes, et les petits qui font leurs premiers pas. Les femmes s'occupent des enfants, font et reçoivent des visites, offrent ou se font offrir du gibier, et surtout rient, rient très fort ensemble. Les enfants s'amusent en bandes. Ils apprécient la présence de toutes ces générations réunies. Les hommes chassent, passent des heures à l'affût, allongés dans leurs abris camouflés par des branchages, rêvassant mais, tout à coup, au moindre bruit, alertes, prêts à tirer. C'est dans cette atmosphère que les jeunes apprennent, fiers de leurs premières prises, encouragés par le plaisir qu'en tirent leurs parents, leurs grands-parents, les félicitations de tous.

La chasse, une activité spirituelle

Être chasseur, pour les Cris d'aujourd'hui comme d'hier, ne se résume pas à la technologie utilisée : raquettes, arc et flèches ou motoneige et fusil. Il s'agit aussi de la mise en œuvre des savoirs écologiques du chasseur sur le milieu. Si les techniques changent, les connaissances sur la qualité et la solidité de la glace en hiver, elles, ne changent pas. Pas plus que les savoirs biologiques sur l'animal chassé, sa morphologie, son habitat, son comportement.

La chasse est également une certaine vision du monde, qui définit les relations entre l'homme et l'animal. Comme le disait Speck, c'est une activité sacrée. L'animal, pour les Cris comme pour tous les chasseurs de l'Arctique et du Subarctique, s'offre de son plein gré à l'homme respectueux qui suit les règles prescrites à son égard. L'analyse des chants de chasse, des mythes et des rêves divinatoires montre la multiplicité des relations qu'entretiennent hommes et animaux, qui dépendent tant de l'espèce de l'animal que de l'âge et des qualités spirituelles du chasseur[33]. La relation entre l'homme chasseur et la femme caribou qui se donne à lui est conçue comme amoureuse et sexuelle, alors que l'amour qui unit le chasseur et le castor est platonique. Enfin, entre l'homme et l'ours, il s'agit plutôt d'amour filial. L'ours est soumis magiquement, grâce à un chant, avant d'être représenté comme l'égal du chasseur, se donnant à lui quand il accepte d'être tué. Des chasseurs ont même développé des amitiés personnelles avec certaines espèces animales, qu'on qualifie en anglais de *pet*[34], animal domestique ou, plutôt, compagnon. Quand l'homme meurt, l'animal partenaire prend alors son deuil. S'il est très triste, l'espèce peut même quitter complètement la région. Mais parfois l'animal devient l'ami du fils du défunt, décidant alors de rester, au grand soulagement de tous[35]. Les restes des animaux qui ne peuvent pas être consommés, comme les os, sont toujours conservés et traités respectueusement. Ils permettent d'acquérir du pouvoir magique, soit qu'on les dispose près de sa tête pendant que l'on dort pour avoir des rêves divinatoires, soit qu'on les expose à l'extérieur de la tente pour décorer le camp et plaire aux esprits animaux, soit

33. Preston, 1975, cité par Tanner A., *Bringing Home Animals, Religious Ideology and Mode of Production of the Mistassini Cree Hunters*, Memorial University of Newfoundland, 1979, p. 138.
34. Les Anglais ont développé toute une culture autour de l'attachement à un animal compagnon, et en particulier ce mot, qui reste intraduisible en français.
35. Tanner, *op. cit.*, p. 140.

enfin qu'on les porte sur soi comme charmes pendant la chasse, témoignant ainsi de son respect à l'animal qui va être tué.

Chasse et identité crie : la création du passé

C'est ce respect, cette relation privilégiée des Cris avec leurs animaux, qui explique la persistance de leur culture, beaucoup plus que la simple nécessité matérielle. Les magasins existent, et même si la nourriture qu'ils offrent est chère et pas toujours aussi abondante qu'ils le souhaiteraient, les Occidentaux qui séjournent pour quelques années dans un village cri s'en contentent. Les Cris font leurs courses dans des supermarchés mais, aussi souvent qu'ils le peuvent, mangent de leurs animaux. S'ils ont un emploi qui les empêche de sortir du village, ils reçoivent toujours de la nourriture des parents et amis qui chassent et pêchent. Se maintient ainsi le circuit du partage de la nourriture, reçue comme un don et redistribuée, la générosité des animaux étant reproduite par les hommes afin que le cycle ne soit jamais interrompu. Tant que les animaux ont une âme, et que de leur chair les Cris tirent leur force vitale, quelque chose d'essentiel de la culture crie perdure. Les représentations ne permettent-elles pas de construire un monde naturel et culturel en perpétuelle transformation, mais où toujours resurgit du semblable sinon de l'identique ?

Ce serait pourtant naïvement romantique de ne voir dans la persistance des activités de chasse chez les Cris que force de la tradition, qui jamais ne se perd malgré toutes les sollicitations de la vie moderne. Car le recours à la tradition est en même temps la mise en scène d'une identité sans cesse reconstruite. Depuis quelques siècles, mais surtout depuis vingt-cinq ans, les Cris se livrent à un long travail de négociation, de résistance, de dévalorisation puis de revalorisation d'éléments à haut pouvoir symbolique. Et ce travail que les peuples colonisés accomplissent pour garder, ou plutôt se recréer, une identité qui leur soit propre puise ses matériaux à la fois dans le passé et dans le présent.

Ce que l'on met en avant pour signifier « être cri », la tradition de la chasse, participe de cette relation ambiguë avec la culture dominante. Ainsi l'exprime Roger Keesing, qui nous parle, dans

Tout le long de la route, ces panneaux qui affirment la présence de l'État suscitent la colère des jeunes Cris. Sur l'envers d'un panneau criblé de balles, une main a refait le texte à sa convenance en affirmant : « terre des Cris ».

un autre contexte colonial, du combat pour l'autonomie des Kwaio, peuple des îles Salomon :

> Les représentations de leurs propres cultures du tiers-monde contemporain (et du quart-monde) ont été façonnées par la domination coloniale, une perception de la culture occidentale à travers un processus réactif, dialectique, qui détermine le choix et la valorisation de certains éléments de la culture indigène (à la fois sur les plans idéologique et pratique) en tant qu'*antithèse de*, ou plutôt de *commentaire sur*, la culture coloniale dominante et intruse[36].

La chasse et, surtout, le partage de la nourriture qui s'ensuit répondent parfaitement à ces critères. Critique en acte de la civilisation marchande et du rapport de dépendance dans laquelle la société autochtone moderne est immergée, la pratique cynégétique et le commentaire qui l'accompagne ont aussi valeur métaphorique. Que les Cris continuent à aller à la rencontre de leurs animaux contribue à définir autrement cette terre que les Blancs voudraient territoire de développement. Chaque acte démontre que son étendue se mesure à l'aulne du parcours des animaux et des hommes. La transmission des connaissances écologiques et symboliques fonde les revendications d'autonomie cries face à l'État-nation québécois et canadien. L'affirmation sans cesse répétée des aînés que seule la nourriture crie leur apporte force et bonne santé fait aussi partie de ce faisceau de preuves et d'affirmation d'une identité menacée.

Je tiens à remercier tous ceux qui, à Chisasibi et à Whapmagaastui, m'ont reçue et ont bien voulu partager leur savoir avec moi.

---

36. Ma traduction du passage suivant : « Contemporary Third World (and Fourth World) representations of their own cultures have been shaped by colonial domination and the perception of Western culture through a direct reactive process, a dialectic in which elements of indigenous culture are selected and valorized (at the level of both ideology and practice) as *counters to* or *commentaries on* the intrusive and dominant colonial culture » (Keesing, 1989, p. 23).

Les photos illustrant cet article sont toutes de l'auteur.

Marie Roué

Des esprits et des hommes

Jean-Luc Lambert

Semi-sédentaires ou nomades vivant de chasse, de pêche ou d'élevage, toutes ces communautés sibériennes doivent se concilier les esprits de la nature, pourvoyeurs de nourriture et autres richesses. Si un contrat n'est pas conclu avec eux, les rennes réussiront alors à échapper aux balles, les filets resteront vides et les hommes mourront de faim. À partir de l'étude des modes de vie précaires, des récits mythologiques et des pratiques rituelles, leurs représentations respectives de la nature se révéleront peu à peu.

La Sibérie traditionnelle est peuplée d'une vingtaine d'ethnies parlant des langues appartenant à plusieurs familles linguistiques (les Samoyèdes, les Finno-Ougriens, les Toungouses, les Turcs...[1]). De plus, ces différentes sociétés vivent dans divers milieux écologiques. Les plus septentrionales d'entre elles se sont établies dans les immenses toundras de l'Arctique. C'est le cas, pour la seule Sibérie occidentale, de trois communautés ethniques de langues samoyèdes : les Nganassanes (1 278 individus en 1989), une partie des Énètses (209 individus en comptant les Énètses de la forêt) et les Nénètses (34 665 individus y compris ceux qui nomadisent également dans les toundras d'Europe du Nord). Plus au sud, au cœur de la taïga, vivent d'autres sociétés : les Selkoupes[2] (de langue samoyède, 3 612 individus), les Ougriens de l'Ob (ou Khantys et Mansis, de langue finno-ougrienne,

1. Depuis la colonisation russe (XVIe-XVIIe), de nouvelles populations (les Russes, les Ukrainiens...) sont apparues en Sibérie, engendrant des modifications du mode de vie traditionnel des communautés existantes.
2. Remarquons au passage que, dans la langue des Selkoupes, *söl'kup* (ou *söl'kup*) a donné l'ethnonyme « selkoupe », qui signifie littéralement « homme de la forêt ».

30 995 individus), par exemple. Compte tenu de leur lieu d'implantation, peut-on légitimement parler d'une culture de la taïga ou de la toundra ? Ou, au contraire, la diversité est-elle si grande, au sein des populations sylvestres, qu'il est impossible d'abstraire un ensemble de traits communs permettant de définir une culture de la forêt ? Y a-t-il une similitude des représentations des différents peuples implantés dans la toundra ?

La taïga : un monde de chasse et de pêche

Dans l'épaisse forêt sibérienne, les modes de vie de ces diverses populations dispersées sur de très vastes territoires sont étonnamment proches les uns des autres. Certes, il y a bien çà et là quelques menues différences, mais tous ces Sibériens sont essentiellement des chasseurs et des pêcheurs - chez certains la chasse l'emporte en importance économique sur la pêche, tandis que chez d'autres c'est l'inverse. Ils se nourrissent principalement d'oiseaux (oies sauvages, canards...) chassés au filet et de divers poissons, même si le renne sauvage est bel et bien leur gibier préféré. Semi-sédentaires pour la plupart, ils se regroupent durant le très rude hiver sibérien et vivent alors dans de solides habitations enfoncées de quelques dizaines de centimètres dans le sol, constituant ainsi des petits villages. Le reste de l'année, ils se déplacent dans la taïga en fonction de leurs besoins alimentaires. Ils vivent alors le plus souvent sous des tentes en écorce de bouleau. Dans ce pays où la neige recouvre le sol la majeure partie de l'année, les conditions de vie de ces chasseurs-pêcheurs sont finalement extrêmement précaires. Continuellement en quête de nourriture, ils ne peuvent pas chasser de façon intensive en hiver, période de disette où les cas de famine sont fréquents.

Par ailleurs, ces populations sylvestres ne pratiquent pas l'élevage du renne domestique. Certes, ces chasseurs possèdent des rennes, tout au plus quelques dizaines. La fonction de ces quelques animaux semi-domestiques est bien délimitée, le chasseur s'en servant essentiellement pour se déplacer, les attelant à ses traîneaux. En été, quand les moustiques et les taons les assaillent, ces animaux, presque fous, ne sont pas étroitement surveillés et repartent alors souvent avec leurs congénères restés sauvages. Quand la saison le permet, bien sûr, le chasseur khanty ou selkoupe aime aussi voyager en canot sur les cours d'eau - la taïga étant traversée par des fleuves et des rivières.

Ces peuples de la taïga sibérienne ont donc un mode de vie caractéristique. C'est le cas également de leur organisation sociale. La plupart du temps, ces sociétés sont divisées en deux moitiés exogames à filiation patrilinéaire. Les Selkoupes par exemple se répartissent entre la moitié aigle *(limpyl')* et la moitié corbeau *(kassyl')*. Ces moitiés se subdivisent en clans. Tout homme doit obligatoirement prendre femme dans la moitié opposée à la sienne. S'il appartient à la moitié aigle, sa femme sera impérativement issue de la moitié corbeau, et inversement. Les enfants appartiendront alors à la moitié aigle. Avec cette structure sociale très simple, les hommes, idéalement, échangent leurs sœurs, et les deux beaux-frères partent ensuite chasser ensemble. En effet, dans ces sociétés, la chasse est, idéologiquement et concrètement, une pratique nécessitant la coopération entre alliés et, quand les Sibériens ne se réfèrent pas à leur beau-frère, ils mentionnent alors leur beau-père : « Le gendre fournit en gibier son beau-père... »[3]. Tel est le principe réglementant simultanément la chasse et l'alliance dans la taïga sibérienne. Ainsi, par exemple, lors des chasses et des fêtes de l'ours organisées par les Mansis du Nord, le rôle du rabatteur d'ours est tenu, du moins symboliquement, par le gendre, tandis que celui du tueur d'ours incombe au beau-père[4]. Comme pour signaler son importance capitale, ce principe se retrouve, sous une forme ou sous une autre, parmi les fondements des fêtes de l'ours organisées par plusieurs peuples de la forêt (les Mansis et les Évènkes, notamment).

---

3. Hamayon R., *La Chasse à l'âme. Esquisse d'une théorie de chamanisme sibérien*, Nanterre, Société d'ethnologie [Mémoires de la société], 1990, p. 367.
4. Voir Anne de Sales, « Deux conceptions de l'alliance à travers la fête de l'ours en Sibérie », in *Études mongoles et sibériennes*, n° 11, 1980, p. 147-213.

L'esprit de la forêt

Presque tout ce qui est nécessaire à la vie des populations de la taïga provient de l'opulente forêt sibérienne : toute la nourriture, mais aussi bien d'autres richesses. Avec les peaux et les fourrures des animaux sauvages sont confectionnés tous les vêtements, et avec le bois des différentes essences (cèdre, mélèze, bouleau) sont fabriqués les armes (arcs, flèches), les embarcations, les piliers des habitations, etc.

Si tous ces peuples de la forêt vivent de manière globalement similaire, ont-ils pour autant des représentations analogues de leur milieu écologique, la taïga ? Il serait *a priori* logique de penser que la taïga, sous un aspect qui reste encore à définir, occupe une place déterminante dans leurs systèmes de représentations.

Ces ethnies forestières sont toutes profondément animistes. Selon cette vision du monde, chaque animal à abattre, chaque arbre à couper possède un esprit qu'il s'agit de se concilier. Tous ces êtres sont regroupés par espèce, et chacune de ces catégories dépend d'un esprit singulier. Ainsi, dans ces panthéons chamanistes, l'esprit des rennes sauvages va côtoyer celui des renards polaires, par exemple. Les esprits de cet ordre ne sont toutefois que rarement invoqués dans la taïga sibérienne. Si les Selkoupes connaissent bien ces multiples entités surnaturelles, ils préfèrent s'adresser à un autre esprit au domaine d'action encore plus vaste et au rôle plus important : l'esprit de la forêt, précisément (*macil' loz* en selkoupe). Celui-ci est non seulement l'esprit des forêts, au sens strict du terme, mais il est également l'esprit de tout ce qu'abrite la taïga. C'est lui qui décide d'octroyer ou non le gibier aux hommes. Étant donné son pouvoir sur les ressources sylvestres, il va être appelé à jouer une fonction absolument capitale pour ces peuples souvent touchés et durement éprouvés par la famine. Pour ce faire, tout sera mis en œuvre pour qu'il soit bien disposé à leur égard. Cependant, tous les moyens de subsistance ne dépendent pas de l'esprit de la taïga : ce n'est pas lui qui octroie le poisson, mais l'esprit des eaux (*ütkyl' loz* en selkoupe). Finalement, ces populations sylvestres décomposent leur milieu naturel de manière originale et inattendue : d'un côté le monde de la forêt et des animaux sauvages qui y vivent et, de l'autre, le monde aquatique, celui des eaux et des poissons. Si cette distinction est aisément concevable, elle n'en demeure pas moins remarquable ; il n'est pas sûr que nous découpions la nature de cette manière.

Cette vision sibérienne du monde, où la forêt est distinguée des fleuves et des rivières, s'éclaire au regard des anciennes représentations. Les grands fleuves sibériens - le Ienisseï, l'Ob, la Lena -, qui tous vont vers le nord pour se jeter dans l'océan Arctique, y jouent un rôle bien particulier. Selon la vieille conception selkoupe, par exemple, le monde est fondamentalement plat et traversé par un grand fleuve. À son embouchure, dans le nord, est imaginé le village des morts, terre froide et sombre comme l'Arctique, tandis que de ses sources, pays chaud et ensoleillé par excellence, arrivent sous forme d'oiseaux les âmes à naître. Les hommes, pour leur part, sont supposés vivre sur le cours moyen de ce fleuve mythique à l'image des fleuves réels.

Cependant, le monde de la taïga et celui des eaux sont organisés sur le même modèle et se pensent en miroir. À chacun de ces deux milieux est associé un esprit qui n'est intrinsèquement ni bon ni mauvais. Que les hommes sachent se le rendre favorable et il leur procurera une quantité déterminée de chair animale. Les rennes sauvages, accordés par l'esprit de la forêt, viendront alors s'offrir aux chasseurs, tout comme les poissons, envoyés par l'esprit des eaux, se laisseront prendre dans leurs filets. En revanche, si aucun accord n'a pu être conclu, les rennes réussiront alors à échapper aux balles, les filets resteront vides et les hommes mourront de faim. Ces esprits, qui à l'instar des hommes sont d'humeur inégale, peuvent également être espiègles. Dans ce cas, le chasseur tournera en rond dans la forêt, tandis que la barque du pêcheur se retournera...

Quels sont donc les moyens d'action que les hommes peuvent déployer pour que l'esprit de cette riche taïga leur soit propice ? Les Selkoupes mettent en œuvre plusieurs méthodes. Avant de partir à la chasse, par exemple, ils lui font des offrandes et, au retour, ils lui réservent, en guise de remerciements, une part de la bête abattue. Mais, surtout, comme la majorité des autres peuples vivant dans la taïga, ils ont soin de confier au chaman la tâche d'assurer à la communauté des chasses fructueuses, c'est-à-dire de « ramener la chance à la chasse ».

À cette fin, un grand rite de renouveau est organisé annuellement, et le chaman désigné pour le conduire doit ramener des promesses de gibier de son voyage chez l'esprit de la forêt. Ainsi se livre-t-il à un véritable marchandage. Tout en se montrant persuasif, il recourt à la ruse pour tenter d'obtenir davantage de gibier de cet esprit pourvoyeur. Mais il ne le trompera ni ne le volera. La prise de chair animale que l'esprit accorde aux hommes est compensée par une prise symétrique et inverse. Les esprits sont en effet réputés pour leur voracité, et ils aiment sucer le sang des hommes qu'ils chassent de la même manière que ceux-ci chassent les bêtes de la forêt. Ils ne donnent jamais gratuitement des moyens de subsistance aux humains. C'est donc au chaman que revient la tâche ardue de gérer les relations des hommes avec les esprits et de se montrer capable d'être un habile négociateur pour parvenir à rendre le moins et le plus tard possible.

Si le montant du contre-don réclamé par les esprits est jugé exorbitant, le chaman sera accusé de faire mourir les siens. La communauté aura tôt fait de ne plus faire appel à lui, peut-être même le mettra-t-elle à mort avant d'en désigner un autre jugé plus capable. Un vaste système d'échange se dessine donc entre les hommes et les esprits sylvestres ou aquatiques et, à terme, tout chasseur finit par être chassé.

Il arrive que le chasseur choisisse de s'offrir aux esprits. La mort volontaire en forêt, pratique plus idéale que réelle, ne peut se comprendre qu'au regard de ces représentations. Traditionnellement, dans ces sociétés de la forêt, la vieillesse n'est pas vantée. Le vieux chasseur se donne en pâture aux esprits au profit de sa communauté. Une fois assuré de sa descendance (un petit-fils pour le remplacer), le vieil homme peut décider de partir mourir en taïga. Par son geste, ses descendants recevront sans doute davantage de la part des esprits.

L'alliance chamanique

Mais revenons un instant à ce chaman chargé de ramener la chance à la chasse et essayons de comprendre les fondements de sa légitimité. Les chamans de ces sociétés de la taïga disent constamment être élus par les esprits. Quand, après coup, ils décrivent la manière dont ils sont devenus chamans, tous racontent s'être rendus dans le monde des esprits où ils ont été instruits et où leur corps a souvent été démembré avant d'être reconstitué. Ils disent aussi avoir, pour un temps, fui la société des hommes et être partis dans la forêt. À l'analyse, les raisons de cet ensauvagement momentané sont claires. Ceux qui sont appelés à devenir chamans sont choisis par la fille de l'esprit de la forêt. Cette femme imaginaire, tout comme la fille de l'esprit des eaux, deviendra par la suite l'épouse surnaturelle du chaman. Les Selkoupes estiment d'ailleurs ouvertement que le jeune chaman entretient des relations sexuelles avec cette fille de l'esprit de la taïga. L'élection cependant n'est jamais censée être désirée. Au contraire, elle est toujours considérée, dit-on, comme un lourd fardeau auquel on ne peut se soustraire.

En effet, si le jeune élu essaie de se dérober à son entreprenante amoureuse, il mourra ou perdra la raison. La fille de la forêt l'aura impitoyablement tué. Le cas se présente quelquefois, comme en témoigne cette histoire de vie selkoupe. Dans les années 20 à 30, Nikolaj A. Agicev est décrit comme un homme remarquable, aux multiples talents. Il aida le célèbre linguiste Georgij N. Prokofiev à élaborer sa grammaire selkoupe. Il avait, par ailleurs, la réputation d'être un habile artisan et construisait à merveille canots et traîneaux. Ce brillant Selkoupe, en outre, parlait très bien le russe. Mais son père avait été un puissant chaman et, selon la tradition selkoupe, Nikolaj allait à son tour recevoir le don chamanique, autrement dit être élu par les esprits. Mais il s'y opposa de toutes ses forces et tomba bientôt malade. Il se fit d'abord soigner à Krasnoïarsk, puis à Moscou, et tout le monde était convaincu que son refus était la cause de son état. Si, durant la journée, rien ne transparaissait, le soir venu il se mettait à hurler, pleurait, demandait qu'on empêche les esprits de l'emmener. Trente ans plus tard,

Nikolaj, qui n'était pas devenu chaman, vivait seul dans la forêt et s'était, aux dires des Selkoupes, complètement ensauvagé. Il s'était aménagé un petit espace rituel sur lequel une série de figurines, dont de simples poupées d'enfants achetées dans le commerce, était installée. Quotidiennement, il allait les nourrir. Par le truchement de ces statuettes, le malheureux espérait apaiser les esprits, qui le faisaient toujours horriblement souffrir.

En revanche, si le jeune élu accepte son sort, il se familiarise progressivement avec les esprits et commence à « chamaniser ». Après quelques longues années d'apprentissage solitaire, sa communauté décide de lui fabriquer un tambour. Au cours d'un grand rituel, qui coïncide souvent avec la fête annuelle de renouvellement de la vie, le tambour est « animé ». Pour pouvoir être utilisé, cet objet, qui tout à la fois sert à voyager dans les différents mondes et à communiquer avec les esprits, doit impérativement posséder une âme, celle du renne dont la peau est tendue sur l'instrument chez les Selkoupes. Mais c'est généralement aussi durant ce rituel printanier que le chaman épouse ses femmes surnaturelles, la fille de l'esprit de la forêt et celle de l'esprit des eaux. Cette fête de renouveau célèbre les noces imaginaires du chaman[5]. Grâce à cette alliance, les voyages chamaniques chez l'esprit de la taïga seront légitimés, tout comme les promesses de gibier qu'il réussira à obtenir. Par ailleurs, les auxiliaires de ce chamane de la forêt ont le plus souvent un aspect zoomorphe. Ils appartiennent à l'univers des esprits qui peuplent cette dense taïga et doivent être considérés comme les beaux-frères surnaturels du chaman. Exactement comme les beaux-frères réels s'entraident dans la vie de chasse, ces esprits seconderont leur allié humain tout au long de sa carrière, et lui aussi saura les seconder.

La fille sylvestre, directement issue du monde sauvage de la taïga, sera représentée sous la forme d'un animal (femelle de renne ou d'élan, le gibier le plus prestigieux de la taïga). La fille des eaux aura, pour sa part, une silhouette de poisson. Pour rendre visite à

5. Le fait d'être marié avec des femmes-esprits n'empêche pas le chaman sibérien d'épouser une humaine. Bien au contraire, les cas de polygynie réelle (un homme qui a plusieurs femmes), dans ces sociétés, se rencontrent principalement chez les chamans.

sa femme, le chaman va devoir s'animaliser. Son lourd costume en peau de renne et sa coiffe ornée d'une ramure métallique lui donnent l'allure d'un grand cervidé. L'analogie est flagrante mais ne s'arrête pas là. Le chaman, par son comportement rituel, saute, bondit, crie, pousse la ressemblance encore beaucoup plus loin pour ainsi séduire sa femme animale en s'identifiant à un élan en période de rut. Au cœur du rituel, il s'accouple avec elle et finit par tomber, inerte, sur un petit tapis rituel. Moment périlleux s'il en est, le chaman, tel un simple gibier, est alors supposé s'offrir aux esprits qui, lentement, le dévorent. Quand les siens le raniment, parfois en craquant des allumettes au-dessus de sa tête, son teint blême témoigne de cette consommation interne dont il fait l'objet.

Les créatures sauvages de la taïga seront à nouveau symboliquement présentes durant cette fête annuelle. Les humains, sous la pression de leur chaman, vont se mettre à « jouer ». Pour cela, ils imiteront en dansant et en criant divers animaux, principalement le renne et l'ours. Des couples se formeront, et la société sera incitée à se reproduire en prenant le monde animal pour modèle.

Les relations entre les hommes et les esprits de la forêt sont donc clairement pensées à travers le chamanisme sous la forme d'un système d'alliance. Ainsi, tandis que les hommes prennent des animaux sauvages, les esprits consomment de la chair humaine. Dans ces pratiques et ces systèmes de représentations, le chaman occupe une position centrale. Il est l'intermédiaire obligé entre le monde des hommes et celui de la taïga. D'ailleurs, dans la vision du monde de ces peuples, les hommes ont dû régler, depuis les temps mythiques, leurs relations avec les êtres visibles et invisibles de la forêt. C'est Ice, le très populaire héros civilisateur selkoupe, qui le premier montra l'exemple. Alors qu'il était encore très jeune, Ice se procura un arc et devint très rapidement un habile chasseur. Il avait toutes les qualités reconnues aux hommes de la forêt, notamment la ruse, particulièrement importante et toujours valorisée. L'employant à maintes reprises, Ice parvint à vaincre son principal adversaire, un géant anthropophage qui, en ces temps anciens, dévorait avidement tous les hommes qu'il croisait. L'ogre donnait l'impression d'être invulnérable. À peine Ice croyait-il l'avoir tué que le géant se ranimait, ses forces s'étant entre-temps décuplées. Le héros arriva finalement à le vaincre et fit brûler son corps pour l'empêcher de revivre. Les cendres du géant donnèrent cependant encore naissance aux moustiques qui, tous les ans, viennent sucer le sang des hommes. Dans cet univers où tout être est susceptible de tenir tour à tour le rôle du chasseur et celui du gibier, Ice légitima sa prise de chair animale dans la taïga en épousant la fille de l'esprit de la forêt. Dans l'ordre des représentations, le héros civilisateur est ainsi le précurseur du chaman.

L'épouse sylvestre des chasseurs mansis

Ces peuples de chasseurs n'ont cependant pas tous exactement la même conception de la taïga et des relations qu'ils doivent entretenir avec les esprits qu'elle abrite. Les Khantys et les Mansis, les deux peuples ougriens vivant dans les forêts qui s'étendent à l'est de la chaîne de l'Oural, n'ont pas de puissants chamans. Il n'est cependant pas exclu qu'ils en aient eu par le passé (leur chamanisme a peut-être cédé sous les coups répétés des missionnaires, qui ont très tôt converti par la force ces deux petites populations). Mais, contrairement aux chamans selkoupes, les devins et les guérisseurs des Ougriens de l'Ob ne ramènent pas de promesses de gibier et n'épousent pas la fille de l'esprit qui anime la taïga. Leurs compétences sont ailleurs. Pourtant, les Khantys et les Mansis ne croient pas, eux non plus, au hasard. À l'instar des autres peuples de la taïga, ils estiment que la chance à la chasse peut s'obtenir et qu'elle doit être obtenue si l'on ne veut pas mourir de faim. Dans ce cas, comment s'assurent-ils symboliquement une bonne saison de chasse ?

La taïga ob-ougrienne est, elle aussi, peuplée d'une foule de créatures de diverses natures. Et, outre les différentes espèces animales, plusieurs peuples d'esprits vivent dans la forêt. Une multitude d'histoires court sur leur compte. Les Khantys et les Mansis racontent que ces esprits ont une taille démesurée, que certains ont trois têtes et d'autres quatre. Même si on ne les voit pas toujours, on peut les reconnaître au sifflement caractéristique qu'ils émettent. Ces esprits sont, en outre, souvent anthropophages et dévorent fréquemment les pauvres chasseurs égarés. Cependant, ils ne sont pas fondamentalement hostiles à l'homme, mais plutôt ambivalents. Quelquefois, les Ob-Ougriens leur imaginent une vie ressemblant à la leur. Parmi ces esprits sylvestres se trouvent des représentants des deux sexes. Les femmes ont de curieuses caractéristiques : elles sont capables d'apporter de grandes quantités de gibier aux humains en leur procurant la chance à la chasse. Tel est le comportement de ces filles, tout aussi séduisantes que redoutables, que décrivent les Mansis dans ces deux saynètes.

Dans la première, deux chasseurs attrapent des canards et des oies sauvages avec des filets. À chaque fois, la chasse est bonne et les filets bien remplis. L'un d'eux imite remarquablement bien le cri des différents oiseaux ; c'est pour cette raison qu'ils pensent avoir beaucoup de chance. Soudain surgit une fille d'esprit de la forêt qui leur propose aussitôt de devenir leur femme. Elle ajoute qu'ils ont impérativement besoin d'elle pour avoir de la chance à la chasse car c'est elle qui envoie les oiseaux dans leurs filets. Ils refusent l'offre. Elle s'en va irritée, leur prédisant qu'ils ne pourront l'oublier. Par la suite, les deux chasseurs rentrent bredouilles. En sept jours, leurs provisions s'épuisent. Ils espèrent alors pouvoir vivre des provisions accumulées dans leur cache. Constatant que la réserve a brûlé, ils retournent à la chasse, en vain. Ils comprennent enfin qu'ils ne sont pas capables de lutter contre la fille d'un esprit de la forêt, qui reste sourde aux appels qu'ils lui lancent. Plongés dans d'horribles tourments, ils meurent de faim.

La seconde saynète ne se conclut pas de façon aussi funeste. Deux hommes partent chasser les zibelines dans un endroit connu d'eux. Habitués à toujours y rencontrer de nombreuses proies, ils s'étonnent de n'en voir aucune. Poursuivant leur marche, ils aperçoivent soudain des traces qui ressemblent à celles d'un humain, mais en plus grand. Ils prennent peur et s'enfuient quand, tout à coup, ils entendent des bruits de pas et un sifflement derrière eux. Surgit un esprit de la forêt qui leur barre le passage. Un des chasseurs empoigne son fusil, le charge d'une balle en cuivre et tire. Touché en plein cœur, l'esprit s'effondre, mort. Ayant attendu vainement le retour de son père trois jours durant, la fille de cet esprit décide de partir à sa recherche. Après une longue marche, elle découvre ses traces, puis son corps sur lequel elle se jette en pleurs. Enfin, elle rencontre les meurtriers et leur demande de ranimer son père en extrayant la balle. Mais ils refusent. La fille leur propose alors de leur donner beaucoup de gibier et de devenir leur femme. Ils acceptent, enlèvent la balle, et l'esprit de la forêt recouvre la vie. La fille explique à son père à quel prix elle l'a sauvé. Il la remercie et accepte le mariage. Les deux frères emmènent la fille chez eux.

Pour les Ob-Ougriens, les femmes-esprits sylvestres dispensent elles aussi à leur gré les ressources de la taïga. Comme l'épouse surnaturelle du chaman, elles ont souvent un côté animal, et les Mansis précisent qu'une de leurs jambes ressemble à une patte de renne ou d'élan.

Mais, dans les sociétés ob-ougriennes, le chamanisme est diffus et chacun peut entretenir des relations avec les esprits de la nature. Ainsi ces femmes-esprits se marient-elles avec de simples chasseurs. Le comportement général de ces femmes rappelle pourtant sans ambiguïté celui de la fille de l'esprit de la forêt présente dans les sociétés à chamans professionnels (Selkoupes, par exemple). Si les chasseurs, à qui l'une d'elles se présente, refusent le mariage polyandre, ils meurent de faim. À l'inverse, s'ils acceptent, ils seront assurés de la chance à la chasse ; les moyens de subsistance ne feront jamais défaut. En outre, les conséquences de cette alliance matrimoniale sont en tout point comparables à celles qui découlent du mariage chamanique. Les chasseurs khantys-mansis épousent cette fille de la forêt au cours de leurs grandes fêtes de l'ours. Les histoires où apparaissent ces esprits féminins de la forêt sont à cette occasion mises en scène et interprétées par des acteurs masqués. Finalement, l'union des chasseurs et de cette femme pourvoyeuse de gibier est scellée au moment même où ces saynètes parfois scabreuses sont jouées, et c'est toute la communauté des chasseurs participant au rituel qui en bénéficie. La chance à la chasse est ainsi ramenée au profit de tous.

Tous ces peuples établis dans la forêt sibérienne ont donc fondamentalement le même profil. Pourtant, ils parlent des langues qui ne sont pas nécessairement proches et ont des histoires différentes. Certains, semble-t-il, ont toujours vécu dans ce milieu, alors que d'autres s'y sont réfugiés pour échapper aux envahisseurs du moment, poussés par de nouvelles populations venues du sud. La taïga, douée semble-t-il d'une véritable force d'uniformisation, a estompé leur diversité réelle ou potentielle.

L'élevage et la chasse dans la toundra

En contrepoint, voyons maintenant ce qu'il en est des sociétés installées dans la toundra. Au regard de leurs modes de vie et de leur organisation sociale, sont-elles à leur manière homogènes ? Comment se représentent-elles leur environnement ?

De prime abord, les sociétés de la toundra se donnent à voir sous un jour totalement différent de celles de la taïga. Autant dans la forêt le nombre de rennes domestiques ou semi-domestiques est faible, autant il paraît élevé dans les toundras d'Europe du Nord et de Sibérie occidentale. Dans ces régions, chaque cellule économique (constituée d'habitants d'une même hutte) est, en moyenne, propriétaire d'un troupeau de plus de cent têtes, et il n'est pas rare de rencontrer un éleveur possédant quelques milliers de bêtes. Ainsi le monde de la taïga s'oppose-t-il à celui de la toundra comme la chasse s'oppose à l'élevage. Il serait néanmoins abusif d'affirmer que tous les habitants des toundras sont de véritables éleveurs et qu'il en a toujours été ainsi.

Dans certaines régions de Sibérie occidentale, ce changement d'économie, lié au milieu écologique, est particulièrement visible. Contrairement à la majorité des Ougriens de l'Ob (Khantys et Mansis), qui vit de chasse et de pêche dans la taïga, une minorité nomadise dans les toundras (de l'Oural ou de la région de Salekhard), où ils ont développé l'élevage du renne. De la même manière, les Énètses de la toundra possèdent généralement un cheptel important, alors que les Énètses de la forêt n'ont que quelques rennes domestiques par foyer et vivent essentiellement de pêche et de chasse au petit gibier.

De tous les peuples de Sibérie occidentale, ce sont les Nénètses qui possèdent les plus gros troupeaux de rennes domestiques. La chasse et la pêche n'ont dans leur économie qu'une importance minime. De plus, sous leur influence, l'élevage du renne s'est véritablement développé dans d'autres populations, notamment chez les Khantys, qui nomadisent dans la toundra. Ils ont emprunté aux Nénètses toute leur terminologie pastorale, et ont aussi troqué leur habitat traditionnel contre la hutte nénètse, beaucoup plus adaptée à leur nouveau mode de vie. Mais les Nénètses n'ont pas toujours été des pasteurs. Les troupeaux de rennes comptant plusieurs milliers de têtes ne sont, semble-t-il, apparus qu'au cours du XVIIIe siècle. Auparavant, les Nénètses vivaient principalement de chasse, et celui qui possédait quarante rennes domestiques était considéré comme riche. Les habitants des toundras du Grand Nord étaient donc des chasseurs avant de devenir des éleveurs.

Tous n'ont pas abandonné la chasse pour se consacrer entièrement à l'élevage du renne. Les Nganassanes, par exemple, vivent dans la toundra de la presqu'île de Taïmyr et sont restés des chasseurs. Ils connaissent l'élevage, mais n'ont traditionnellement que de petits troupeaux[6]. Les rennes domestiques sont pourtant indispensables aux Nganassanes, qui les utilisent exclusivement comme moyen de transport et ne les abattent pour la viande qu'en cas de sévère famine. Pour pouvoir se déplacer dans les grands espaces et nomadiser dans la toundra, les Nganassanes doivent en effet avoir des animaux domestiques à harnacher à leurs traîneaux.

Dans la presqu'île de Taïmyr, les bandes de rennes sauvages migrent vers le nord au printemps et ne redescendent qu'à l'automne dans le sud, vers la forêt. Les Nganassanes, dont l'économie est fondée sur la chasse, suivent ces hardes de rennes et parcourent ainsi plusieurs centaines de kilomètres. Hormis quelques très gros propriétaires, les Nganassanes aiment traquer leur gibier loin dans l'Arctique, parfois au-delà du 75e parallèle, où les pâturages pour les troupeaux se font rares. Ils laissent la majeure partie de leur cheptel plus au sud, sous la garde de quelques bergers, et partent chasser et organiser de grandes battues dans le nord. Ils tentent de rabattre les hardes de rennes vers les rivières, où les attendent

6. En 1926, les deux tiers des familles nganassanes possédaient moins de cent rennes domestiques (10 % seulement des foyers avaient un cheptel de plus de cinq cents têtes).

d'autres chasseurs embusqués dans leurs barques. Armés de grandes lances, ils les assaillent et les abattent massivement, constituant ainsi des réserves de viande pour l'hiver. Les Nganassanes sont donc bel et bien des chasseurs de la toundra, et leur élevage de rennes domestiques est subordonné à des fins cynégétiques.

En revanche, les Nénètses sont de véritables éleveurs qui déprécient la chasse. Ils nomadisent eux aussi dans la toundra, et leurs trajectoires annuelles ressemblent à celles des Nganassanes. Au printemps, les Nénètses montent vers le nord, parfois jusqu'à l'océan Arctique. Là, les moustiques et les taons incommodent moins qu'ailleurs les rennes domestiques et, à l'automne, ils repartent vers le sud, à la limite des forêts, où les rennes pourront trouver à se nourrir. Les Nénètses parcourent ainsi plusieurs centaines de kilomètres, parfois même plus d'un millier. Quand on sait qu'une caravane de traîneaux ne couvre pas plus de dix ou quinze kilomètres par jour, on s'imagine aisément ce que peut être cette vie itinérante.

Tous les peuples de la toundra ne partagent donc pas le même type d'économie. Chaque société semble avoir une configuration singulière. Dans ce contexte, il serait hasardeux de parler d'une culture de la toundra. Cependant, même si tous ces Sibériens ne sont pas des pasteurs, il n'en demeure pas moins qu'ils ont développé l'élevage du renne, contrairement aux chasseurs de la taïga. De plus, ils nomadisent tout au long de l'année, par opposition à la semi-sédentarisation des populations sylvestres de l'Ouest sibérien.

L'organisation sociale de ces peuples de la toundra est plus complexe que celle de leurs voisins de la taïga. Les Nénètses (tout comme les Énètses de la toundra et les Nganassanes) ne sont pas divisés en deux moitiés exogames (comme les Selkoupes ou les Ob-Ougriens), mais se répartissent en un nombre relativement élevé de clans exogames à filiation patrilinéaire. La société nganassane est ainsi constituée de douze clans ; celle des Nénètses en compte plus de quatre-vingts. On a tout lieu de supposer que, dans un passé plus ou moins lointain, les ancêtres de ces nomades connaissaient le même type d'organisation sociale que les peuples de la forêt. Deux systèmes d'alliance se trouvent en concurrence dans ces populations. Les Nganassanes, dans une large mesure, pratiquent un mariage de chasseur en échangeant leurs sœurs. Pour eux, toutefois, le mariage idéal et valorisé est un mariage par achat (sans échange de sœurs). Les éleveurs nénètses, quant à eux, achètent réellement leurs femmes, qu'ils ramènent ensuite chez eux (patrilocalité).

Selon la tradition épique nénètse, un véritable échange généralisé a été instauré, dans les temps anciens, par le héros qui a su apporter la paix dans les toundras nénètses, jusqu'alors constamment déchirées par de longues guerres intestines. Un homme audacieux commençait par voler une ou plusieurs femmes, puis un conflit armé éclatait immanquablement. Il durait parfois l'espace de deux générations, le fils d'un héros mort au combat partant venger son père. Dans ce contexte belliqueux, le « fils du maître du Promontoire effilé », personnage principal d'un célèbre chant épique, après s'être définitivement assuré la victoire, épousa une femme du camp ennemi et donna sa propre sœur à son allié militaire, ce dernier donnant à son tour sa sœur à un de ses anciens ennemis. L'alliance (sous la forme de l'échange généralisé) fut ainsi établie et mit fin aux guerres incessantes.

Au-delà de cette justification épique, l'échange généralisé est particulièrement bien adapté au mode de vie pastoral des Nénètses. Il met l'accent sur les relations entre ascendants et descendants et non sur la coopération entre alliés, comme c'est le cas dans l'échange restreint (celui des sœurs) entre chasseurs. Grâce à ce système d'alliance et à la résidence patrilocale qui lui est associée, les troupeaux, qui constituent l'essentiel de la richesse des éleveurs, pourront facilement se transmettre par héritage.

La représentation de la toundra et l'esprit de la végétation

Pour nous, la toundra et la taïga sont deux entités de même ordre, deux écosystèmes que l'on met sur un seul plan théorique en les opposant l'un à l'autre. Il n'en va pas de même pour les peuples de Sibérie occidentale. En effet, si les habitants des forêts imaginent toujours un esprit de la taïga qui dispense le gibier que recèle ce milieu, leurs voisins de la toundra ne se représentent pas un esprit régissant spécifiquement leur territoire et ses richesses. Il n'existe pas, en effet, d'esprit de la toundra chez les Nénètses et les Nganassanes, par exemple, et cet immense espace recouvert de végétation rase à perte de vue est donc en tant que tel inanimé. Souvent d'ailleurs, son allure quasi désertique est évoquée, et divers personnages - chamans ou héros épiques - racontent qu'ils voyagent des journées entières voire davantage sans croiser âme qui vive dans la toundra de leur imagination. Puis, soudain, un détail du relief possède une forme inhabituelle, et l'esprit qu'il abrite apparaît.

Un chaman nganassane vit ainsi, en rêve, de gros rochers qui s'ouvrirent sur son passage les uns après les autres, chacun d'eux lui expliquant quelle était sa fonction, le premier pressant la terre pour l'empêcher de s'envoler quand le vent soufflait. Puis, le jeune homme aperçut de loin d'autres rochers. Il lui fallut trois journées de marche pour les atteindre. Il entra dans l'un d'eux où vivait un inquiétant forgeron qui découpa son corps avant de le faire cuire dans un immense chaudron. Ensuite son squelette se recouvrit à nouveau de chair et sa tête fut forgée sur l'enclume afin qu'il puisse devenir un puissant chaman... Dans cette toundra relativement vide les morts se montrent parfois. Deux enfants, en fuite, cherchaient désespérément de la nourriture. Les rares humains qu'ils avaient rencontrés avaient refusé de les nourrir. Un jour, ils arrivèrent près d'une rivière où ils s'endormirent. Soudain, dans la nuit, la fillette se réveilla. Un homme criait fort et était en train de faire courir une multitude de rennes. Une fois qu'il fut passé, elle se rendormit. Mais il y eut à nouveau du bruit. De nombreux traîneaux glissèrent alors non loin des enfants. Ils étaient conduits tant par des vieux que par des hommes dans la force de l'âge. Des troupeaux de rennes les suivaient. Le lendemain, les deux enfants, toujours en quête de nourriture, partirent à la recherche du campement de ces gens qui voyageaient à la faveur de la nuit. Pourtant, ils ne trouvèrent trace ni des rennes ni des traîneaux. En poursuivant leurs investigations, ils découvrirent un grand nombre de tombes recouvertes de multiples traîneaux brisés et de têtes de rennes pourries. « Voilà ceux qui nomadisaient cette nuit », conclut la petite fille.

Même si la toundra est un univers bien moins dense que la forêt et même si aucun esprit n'y est exclusivement attaché, ce vaste espace dépend toutefois d'une entité surnaturelle. Les Nganassanes, tout comme les Nénètses, se la représentent sous la forme d'un esprit de la terre, masculin ou féminin, souvent appelé « maître de la terre ». Ses compétences sont larges et ne concernent pas uniquement le monde de la toundra. Toutefois, la terre des morts (contrairement à ce que son nom pourrait laisser suggérer) ne dépend pas de lui. Parfois, les Nganassanes l'invoquent, notamment pour se prémunir des maladies et connaître leur avenir.

Parmi ses multiples fonctions attribuées, cet esprit est, de façon récurrente, toujours associé à la végétation. C'est à lui que le chaman nénètse, par exemple, réclamera des lichens pour les rennes domestiques. Les Nganassanes l'associent aux différentes herbes et plantes de la toundra. Également nommé « esprit des arbres[7] », il habite à proximité ou à la cime d'un grand arbre, mais peut tout aussi bien émerger de ses racines sous une apparence humaine - c'est le plus souvent ainsi qu'il se montre au chaman venu lui rendre visite. Il donne aussi le bois servant à confectionner le cadre du tambour du futur chaman. La toundra ne constitue pas son unique univers de référence, et on serait d'ailleurs plutôt enclin à l'associer à la taïga. Cet esprit est, en quelque sorte, un esprit de la forêt transformé, adapté au monde de la toundra. Le milieu dont il est censé s'occuper ne se limite plus à la seule forêt, mais s'étend à la toundra tandis qu'il se transforme en esprit de la végétation. Mais est-ce encore lui qui dispense les animaux sauvages rencontrés dans les toundras ?

Les Nganassanes disent que l'esprit de la terre leur accorde des rennes sauvages. Mais cette fonction ne lui est attribuée qu'occasionnellement, car bien d'autres esprits sont censés favoriser la chasse : le soleil ou Esprit-Orphelin, le héros civilisateur, par

7. Littéralement, cette expression peut se traduire par « esprit de la forêt ». En effet, le terme nganassane désignant ici l'arbre *(huaa)* signifie, dans d'autres contextes, « bois » (matériau) ou « forêt ».

exemple. Contrairement à l'esprit de la forêt des peuples de la taïga, le maître de la terre n'est pas essentiellement un donneur de gibier. D'ailleurs, dans le système de représentations nganassane, la chance à la chasse n'est pas dispensée par un unique esprit. Chaque espèce animale dépend d'une entité surnaturelle particulière. L'esprit des oies sauvages, par exemple, peut donner des oies aux humains, et les chamans, au printemps, n'hésitent pas à lui en demander. De la même manière, deux esprits féminins s'occupent des rennes. Djuhadie Kosterkin, puissant chaman nganassane, les imaginait sous les traits de deux femmes couvertes de poils et portant une ramure sur la tête. Ces esprits féminins à demi zoomorphes rappellent, bien sûr, la fille de l'esprit de la forêt des peuples de la taïga, mais la ressemblance reste superficielle. Pour Djuhadie, ces femmes imaginaires ne dispensaient pas le gibier en général, mais n'envoyaient que les rennes sauvages et domestiques.

L'exemple nganassane de la fille du soleil

Les rites et représentations des communautés sylvestres nous ont paru facilement caractérisables. D'une population à une autre, les variations étaient faibles. De façon générale, le chaman représentant son groupe allait épouser la fille de l'esprit de la forêt et, grâce à cette alliance, ramenait la chance à la chasse. Dans les populations sans véritables chamans, c'étaient les chasseurs qui se mariaient avec cette fille sylvestre, leur but étant aussi d'obtenir du gibier. Dans ce contexte, on peut se demander si une religion de la toundra est identifiable.

Les Nénètses et les Nganassanes vivent dans la toundra et sont apparentés par la langue. On pourrait donc supposer semblables leurs systèmes de représentations. Pourtant, ce n'est pas le cas. Malgré leurs points communs, ils ne partagent pas les mêmes rites, et leurs préoccupations sont bien différentes. Dans la toundra, la diversité culturelle est donc importante. Elle s'explique à partir de plusieurs facteurs.

Tout d'abord, les économies traditionnelles des peuples de la toundra n'ont pas toutes les mêmes caractéristiques. Certaines sont fondées sur la chasse, d'autres sur l'élevage, et les différences sont importantes entre le chamanisme de chasse et le chamanisme d'élevage. Généralement, les chamans des sociétés de chasseurs sont considérés comme étant beaucoup plus puissants que ceux issus des sociétés d'éleveurs : les chamans nénètses sont loin d'avoir la réputation des chamans nganassanes, par exemple.

De plus, dans les sociétés de chasse, le chaman occupe une position centrale. Il conduit les rites collectifs au cours desquels il doit assurer les moyens de subsistance de son groupe. Dans les sociétés d'élevage, en revanche, il lui est essentiellement demandé de réparer les désordres et d'être un thérapeute.

En outre, les éleveurs ne ponctuent pas tous le cycle annuel par les mêmes rites. Il faut encore rajouter que certaines particularités écologiques, au sein même du monde de la toundra, peuvent être à prendre en considération. Dans les représentations, l'importance de la nuit polaire, par exemple, est capitale pour les Nganassanes, alors qu'elle est bien moindre pour les Nénètses.

Contrairement aux sociétés de la taïga, celles de la toundra sont donc hétérogènes, chaque cas étant spécifique. En témoigne la vision du monde des Nganassanes. Comme les peuples chasseurs de la taïga, les Nganassanes (peuple de la toundra) organisent chaque année un rite de renouvellement de la vie de grande ampleur. C'est là leur seule fête traditionnelle. Tous les peuples de la toundra n'en font cependant pas autant : aucun rituel de cette envergure n'a jamais été observé chez les Nénètses, par exemple. Mais si les populations sylvestres se réunissent habituellement au printemps pour obtenir des promesses de gibier, les Nganassanes, eux, se rassemblent au sortir de la longue nuit polaire (à la fin du mois de janvier), à la « lune du jour qui s'ouvre ». Un chaman est alors désigné pour mener la fête, et les Nganassanes viennent de loin pour y participer[8]. Une hutte cérémonielle est construite.

8. Les Nganassanes se sont, depuis quelque temps, installés à la lisière des forêts et se déplacent peu. Les hommes font du bois et posent quelques pièges en espérant prendre un renard polaire.

Le premier jour de la fête, le chaman s'y rend, les yeux bandés, en s'appuyant sur une canne métallique. Toutes sortes d'embûches sont tendues sur son passage. Des lassos sont déposés çà et là, tandis qu'un dangereux individu l'attend, un gourdin à la main. Le chaman évite habilement tous les pièges et pénètre dans la hutte rituelle. Tous les Nganassanes le suivent alors.

Ce déplacement réel, au cours de la première journée de fête, est investi d'une forte valeur symbolique. Tout laisse penser que le chaman, en fait, revient du monde des morts. Le bandeau rappelle l'étoffe placée sur les yeux des défunts. Les Nganassanes croient en effet que, pour voir la route qui conduit dans l'au-delà, il faut avoir une autre vision, que le chaman est le seul être humain vivant à posséder. De plus, la canne sur laquelle il s'appuie est, chez tous les peuples de langue samoyède (Nganassanes, Énètses, Nénètses et Selkoupes, par exemple), l'attribut indispensable du voyageur d'outre-tombe. Par ailleurs, la nuit polaire dont il s'agit de sortir est comme le monde des morts, froide et sombre.

Les jours suivants, pendant que les jeunes gens célibataires luttent et dansent sur la glace d'un lac gelé en imitant plusieurs animaux, le chaman, sous la hutte rituelle, poursuit son voyage, se rendant chez divers esprits pour demander abondance et prospérité pour sa communauté. Il se sert alors de « lanières de vie » (bandelettes en peau de renne décorées de plusieurs types de dessins) : il les montre aux esprits qu'il rencontre, qui le mettent à l'épreuve en lui demandant de les faire cacher par l'assistance puis de les retrouver du premier coup. Ces objets rituels symbolisent l'âme-souffle de chacun des Nganassanes : un fil imaginaire qui relie tout individu au soleil ou à sa fille et qui dure tant que dure la vie. Mais ils représentent aussi les rayons du jour réclamés par le chaman au soleil au cours de cette fête arctique. Le chaman épouse alors la fille du soleil *(kou koptua)*, indissociable de la chaleur et de la lumière. Le rite est, dans son entier, comparable à un mariage. La canne utilisée par le chaman est absolument identique à celle dont se munit le marieur nganassane lors de la demande en mariage. Grâce à cette alliance, le soleil va progressivement réapparaître et chauffer la terre de ses rayons.

Les mythes racontent que, dans les temps anciens, certains chamans étaient parvenus à faire descendre le soleil sur terre au moment de la fête. Tout avait alors failli brûler. Le soleil avait dû remonter dans le ciel. Cette alliance avait été pour la première fois contractée par Esprit-Orphelin, le héros civilisateur nganassane. Il était allé chez le vieux soleil pour lui demander quelques rayons afin que la vie soit possible sur terre. Le soleil les lui avait accordés et, par la même occasion, le héros avait épousé sa ravissante fille.

Dans le chamanisme nganassane, l'alliance avec une entité surnaturelle est donc tout autant présente que dans le chamanisme des sociétés de la taïga. Mais les Nganassanes vivent bien au-delà du cercle polaire et connaissent donc une longue nuit polaire (chez eux, d'une durée supérieure à deux mois). Dans ce contexte, il n'y a rien d'étonnant à ce que la fille de la forêt soit relayée par celle du soleil. Cependant, le chaman de la taïga épousait également la fille de l'esprit des eaux, obtenant ainsi de bonnes pêches. Cette union est aussi secondairement conclue par le chaman nganassane.

Des légendes rapportent que la fille du soleil et la fille des eaux (*by' koptua* en nganassane) ne s'entendent pas toujours bien... Mais c'est certainement en complémentarité avec cette fille pourvoyeuse de poissons que la fille du soleil est censée aider les chasseurs, alors que, de par sa nature, elle n'est absolument pas liée au monde du gibier. Le chaman nganassane, cependant, ramène la chance à la chasse au cours du grand rite annuel sans faire intervenir cette fille solaire : il tue symboliquement un renne sauvage imaginaire dont la chair - représentée par des morceaux de viande réels - est supposée véhiculer des promesses de gibier.

Au terme de cette analyse des sociétés vivant dans la taïga et dans la toundra de Sibérie occidentale, quelques conclusions s'imposent. Les sociétés de la taïga, malgré leurs origines et leurs histoires différentes, ressemblent fort les unes aux autres. Elles vivent toutes de chasse et de pêche, et leur organisation sociale est des plus simples. Mais les analogies ne s'arrêtent pas là. Ces sociétés sylvestres ont toutes la même vision de la taïga et des esprits supposés l'habiter. Selon la conception animiste, les esprits de la forêt ont le pouvoir de dispenser le gibier aux humains. Pour obtenir cette chance à la chasse, il faut que les hommes épousent une fille-esprit sylvestre. Cette tâche délicate revient au chaman, qui se marie avec cet esprit au cours d'un grand rite de renouveau. Cependant, dans les sociétés ob-ougriennes qui ne possèdent pas ou plus de chamans, la fille de l'esprit de la taïga, pendant la fête de l'ours, devient la femme de simples chasseurs.

En revanche, les sociétés établies dans la toundra possèdent divers profils, et l'on ne peut pas parler d'une culture de la toundra en général. L'économie de ces sociétés peut en effet être dominée par la chasse ou par l'élevage. Au niveau religieux, les rituels célébrés par ces peuples de la toundra sont variés, et multiples les systèmes de représentations qui les sous-tendent. Cependant, dans aucun d'eux la toundra n'occupe une place de première importance. De ce point de vue sibérien, contrairement à ce que l'on aurait pu attendre, elle n'est pas le pendant de la taïga.

Par ailleurs, les chasseurs de la toundra ressemblent à ceux de la forêt. Ainsi, l'exemple nganassane montre comment cette idée d'alliance matrimoniale avec les entités surnaturelles peut être représentée hors de la taïga sibérienne. Toutefois, l'identité de la femme imaginaire épousée par un chaman de la toundra n'est pas déterminée en soi. En raison de leur environnement arctique (aucun groupe eurasiatique ne vit plus près du pôle qu'eux), les Nganassanes cherchent une alliance avec le soleil qui éclaire et réchauffe leur terre souvent glacée. Mais rien ne laisse supposer que d'autres chasseurs de la toundra fassent un tel choix. Il n'est pas rare d'entendre dire qu'un chaman de la toundra est marié avec la fille de l'aurore boréale ou avec celle du vieux du Promontoire nuageux... En outre, au fur et à mesure que se développe l'élevage, la place accordée au mariage surnaturel du chaman décroît, tandis que les ancêtres se mettent à jouer un rôle majeur. Toujours dans le monde de la toundra, de nouvelles configurations religieuses peuvent ainsi apparaître.

Jean-Luc Lambert

Bibliographie générale

Ethnologie

BADAMXATAN S., « Les tsaatanes, éleveurs de rennes du Hövsgol », in *Études mongoles et sibériennes*, n° 18, Nanterre, Société d'ethnologie, 1988.

CHARRIN A.V. (éd.), *Les Sibériens*, Paris, Autrement, coll. « Monde », 1994.

COLE HARRIS R. (dir.), *Atlas historique du Canada. Des origines à 1800*, Les Presses de l'université de Montréal, 1987.

FEIT H., « L'ethno-écologie des Cris Waswanipis, ou comment des chasseurs peuvent aménager leurs ressources », in *Recherches Amérindiennes au Québec*, bulletin d'information n° 1, Montréal, 1971.

HAMAYON R., *La Chasse à l'âme. Esquisse d'une théorie du chamanisme sibérien*, Nanterre, Société d'ethnologie [Mémoires de la Société 1], 1990.

HAMAYON R., GARANGER M., *Taïga, terre de chamans*, Paris, Imprimerie nationale, 1997.

JACQUIN P., *Les Indiens blancs. Français et Amérindiens en Amérique du Nord (XVIe-XVIIIe siècle)*, Paris, Payot, 1987.

JACQUIN P., ROYOT D., *Le Mythe de l'Ouest. L'Ouest américain et les « valeurs » de la frontière*, Autrement, coll. « Monde », HS n° 71, 1993.

LAMBERT J.-L., « Une fille solaire pour le chaman nganassane », in *Études mongoles et sibériennes*, n° 24, 1993, p. 13-36.

LEACOCK E., *The Montagnais' « Hunting Territory » and the Fur Trade*, American Anthropological Association, Memoir 78, 56 (5), 2, 1954.

NAKASHIMA D., ROUÉ M., « Allées et venues dans l'espace humain : les représentations inuit des cycles de populations animales », in *Anthropozoologica*, 1995.

PRESTON R.J., HELM J. (ed.), « East Main Cree », in *Subarctic. Handbook of North American Indians*, Washington, Smithsonian Institution, vol. 6, 1981, p. 196-207.

ROUÉ M., NAKASHIMA D., « Pour qui préserver la biodiversité ? À propos du complexe hydroélectrique La Grande et des Indiens Cris de la baie James », in *JATBA*, n° 36, 1994, p. 211-235.

SALISBURY R., *A homeland for the Cree.* Regional development in James Bay 1971-1981, McGill-Queen's University Press, 1986.

SPECK, *Naskapi. The Savage Hunters of the Labrador Peninsula*, The University of Oklahoma Press, 1935.

TANNER A., *Bringing Home Animals, Religious Ideology and Mode of Production of the Mistassini Cree Hunters*, Memorial University of Newfoundland, 1979.

TURGEON P., *La Radissonie. Le pays de la baie James*, Libre Expression, 1992.

Écologie et géographie

CHAPIN F.S., *Arctic Ecosystems in a Changing Climate*, Academic Press, 1992.

DEMANGEOT J., *Les Milieux « naturels » du globe*, Paris, Masson, 1994, ch. 13-14.

DUQUET M., *Glossaire d'écologie fondamentale*, Paris, Nathan Université, 1993.

« Forest Ecosystems in the Alaskan Taiga », in *Ecological studies*, n° 57, Heidelberg, Springer Verlag, 1986.

Vulgarisation sur les milieux arctiques et boréaux

BRUEMMER F., *L'Arctique circompolaire*, Québec, Trécarré, 1985.

FORNASARI L., MASSA R., *Les Terres arctiques*, Paris, Larousse, 1987.

« Prairies et toundras », in *Planète Terre*, Amsterdam, Time-Life, 1985.

SAGE B., *The Arctic and its Wildlife*, Londres, Croom Helm, 1986.

Littérature

ARSÉNIEV Vladimir, *Dersou Ouzala*, Paris, Pygmalion, 1996.

PESKOV Vassili, *Ermites dans la taïga*, Arles, Actes Sud, 1992.

Biographie des auteurs

Vincent Bouchiat	est chercheur au CNRS en électronique quantique. Passionné par l'Asie, il y séjourne régulièrement. Au cours d'un voyage au Japon, il découvre le geste photographique. Après ses études d'ingénieur, il réalise en 1993 un reportage sur les peuples de la taïga au nord de la Mongolie qui donna lieu à une exposition itinérante.
Jean-Luc Lambert	est ethnologue spécialiste de populations sibériennes chez qui il a souvent séjourné : les Samoyèdes de Sibérie et les Nganassanes.
Marie Roué	est ethnologue au CNRS. Elle dirige l'équipe Apsonat au Muséum National d'Histoire Naturelle de Paris et enseigne à l'École des Hautes Études en Sciences Sociales. Elle est l'auteur de nombreux ouvrages et articles ethnologiques sur les populations lapones inuit et cries chez qui elle séjourne depuis une trentaine d'années.
Bernard Saugier	est ancien élève de l'École Normale Supérieure, agrégé de Physique. Il s'est spécialisé dans l'étude des échanges de gaz carbonique et de vapeur d'eau entre la végétation et l'atmosphère. Il est, depuis 1978, professeur d'Écologie à l'Université Paris Sud (Orsay) et étudie, avec son équipe, la réponse des arbres et des forêts à l'augmentation du gaz carbonique atmosphérique. Il est membre de l'Académie d'Agriculture.
Claire Waelbroeck	est ingénieur physicienne chargée de recherche au CNRS. Spécialiste des activités humaines sur l'environnement, elle a participé à deux missions dans la toundra, l'une au Canada (au sud de la baie d'Hudson) et l'autre en Alaska du Nord. Actuellement, elle poursuit ses travaux sur la dynamique du climat.

Titres disponibles dans la collection « Monde »

New York contre N.Y.
(HS 61) 224 p. 98 F.
Nogent des Italiens***
(HS 80) 160 p. 89 F.
Le Panier, village corse
à Marseille***
(HS 98) 160 p. 89 F.
Paris-XIIIe,
lumières d'Asie***
(HS 87) 160 p. 89 F.
Patagonie
(HS 94) 224 p. 110 F.
Pays du Sahel
(HS 72) 232 p. 110 F.
Place du Pont
ou la médina de Lyon***
(HS 96) 88 p. 79 F.
Polonais du Nord***
ou la mémoire des corons
(HS 83) 160 p. 89 F.

Prague
(HS 46) 232 p. 95 F.
Repenser Israël
(HS 70) 200 p. 110 F.
Rio de Janeiro
(HS 42) 216 p. 89 F.
Rome
(HS 32) 224 p. 110 F.
Rue des Rosiers,
une manière d'être juif***
(HS 82) 160 p. 89 F.
Les Russes à Paris
1919-1939***
(HS 110) 160 p. 98 F.
Saigon
(HS 95) 248 p. 120 F.
Sibériens
(HS 78) 256 p. 110 F.
Téhéran
(HS 27) 224 p. 110 F.

Terre indienne
(HS 54) 232 p. 110 F.
Thaïlande
(HS 43) 232 p. 95 F.
Tibétains
(HS 108) 224 p. 120 F.
Tokyo
(HS 8) 344 p. 95 F.
Toscane
(HS 31) 224 p. 95 F.
Turcs
(HS 76) 224 p. 110 F.
Venise
(HS 14) 224 p. 95 F.
Vienne
(HS 53) 232 p. 95 F.
Volcans en feu****
(HS 103) 144 p. 98 F.

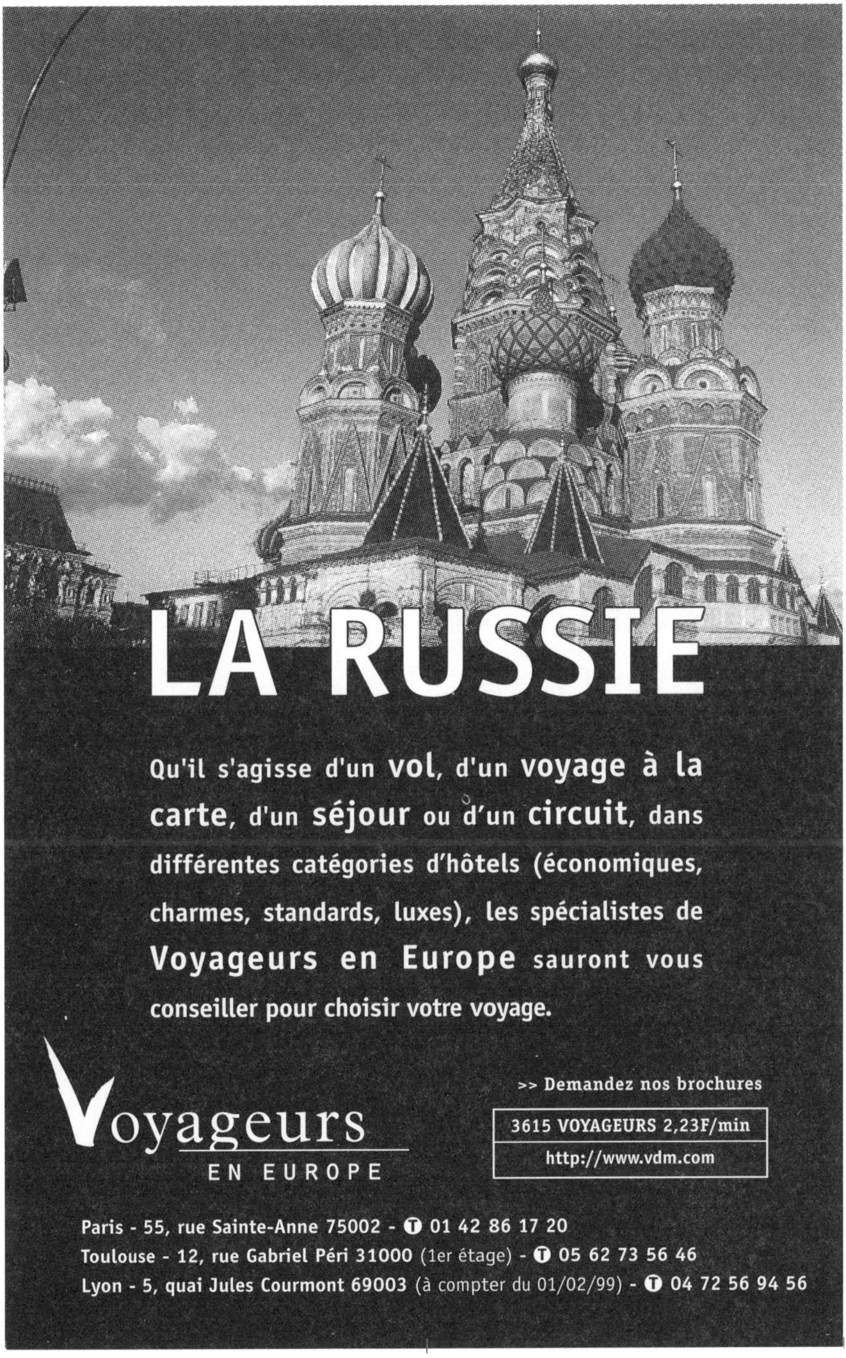
LA RUSSIE
Qu'il s'agisse d'un vol, d'un voyage à la carte, d'un séjour ou d'un circuit, dans différentes catégories d'hôtels (économiques, charmes, standards, luxes), les spécialistes de Voyageurs en Europe sauront vous conseiller pour choisir votre voyage.
Voyageurs EN EUROPE
>> Demandez nos brochures
3615 VOYAGEURS 2,23F/min
http://www.vdm.com
Paris - 55, rue Sainte-Anne 75002 - T 01 42 86 17 20
Toulouse - 12, rue Gabriel Péri 31000 (1er étage) - T 05 62 73 56 46
Lyon - 5, quai Jules Courmont 69003 (à compter du 01/02/99) - T 04 72 56 94 56

Éditions Autrement

Directeur-rédacteur en chef : Henry Dougier. *Rédaction :* Valérie Antoni. Jean-Claude Béhar. Fabienne Costa. Nicole Czechowski. Aude Joseph. Chiara Monti. *Fabrication/Secrétariat de rédaction :* Bernadette Mercier, *assistée de* Hélène Dupont *et de* Fabienne Clautiaux. *Graphisme :* Kamy Pakdel. *Service financier :* Béatrice Labadie. *Service commercial :* Xavier Belrose. *Gestion et administration :* Eve Courbot. Hassina Mérabet. *Service de presse :* Agnès Biltgen.

Abonnements au 1er janvier 1999 : la collection « Monde », complémentaire des collections « Mutations », « Morales » et « Mémoires », est vendue à l'unité (120 F par ouvrage) ou par abonnement (France : 630 F ; Étranger : 730 F) de 7 titres par an. L'abonnement peut être souscrit auprès de votre libraire, ou directement à Autrement, Service abonnements, 17, rue du Louvre, 75001 Paris. Établir votre paiement (chèque bancaire ou postal, mandat-lettre) à l'ordre de NEXSO (CCP Paris 1-198-50-C). Le montant de l'abonnement doit être joint à la commande. Veuillez prévoir un délai d'un mois pour l'installation de votre abonnement, plus le délai d'acheminement normal. Pour tout changement d'adresse, veuillez nous prévenir avant le 15 du mois et nous joindre votre dernière étiquette d'envoi. Un nouvel abonnement débute avec le numéro du mois en cours. Vente en librairie exclusivement. Diffusion : Éditions du Seuil.

Directeur de la publication : Henry Dougier. Revue publiée par Autrement.
Comm. par. 55778. Corlet, Imp. S.A., 14110 Condé-sur-Noireau. N° 33777.
Dépôt légal : janvier 1999. ISBN : 2-86260-870-X. ISSN : 0336-5816. *Imprimé en France.*